に多大な興味と学問的関心を抱いてきた。

数十年間、正史を含めた多くの中国史文献を読み漁《あさ》ってきたが、勉強しているうちに、中国の王朝が滅ぶ要因がいろいろと分かってきた。

王朝が崩壊する二つの要因

王朝崩壊の共通した要因の一つは、秦王朝以来の歴代王朝と、その皇帝が天下というものを私物化し、天下の万民を搾取《さくしゅ》しすぎたことにある。

例えば、1章で詳述するが、秦王朝の場合、万里の長城や皇帝の宮殿・陵墓をつくらせるため、天下の青壮年男性の半分までを労役として徴発したが、それに耐えられなくなった民衆が反乱を起こす。人夫として徴発された陳勝《ちんしょう》という男が乱を起こしたことを発端に、秦王朝は民衆の大反乱の最中《さなか》、滅びる。

あるいは漢王朝の場合、劉氏の皇帝一族の贅沢三昧《ざんまい》に供する内廷の予算が、国家の予算を上回ることが常態化していた。そんな王朝が永遠に続くはずもない。皇帝一族であることにそれほどの旨味があるなら、それに取って代わろうとする強欲者が必ず登場し、乱を起こすからだ。

そして、王朝崩壊のもう一つの要因は、秦の始皇帝がつくり上げた中央集権の皇帝独裁政治にある。

秦以来の歴代王朝において、政治権力は中央の朝廷にすべて集中し、中央の権力はまた皇帝一人に集中する。皇帝が絶対的権力者として帝国に君臨し、全ての意思決定権を一手に握る。しかしそれでは、皇帝その人がただのバカ者、あるいはただのトンチンカンである場合、正しい意思決定ができるはずはない。政治はおかしくなり、乱れるのは必定のこと。ましてや皇帝自身、精神的に異常を来《きた》した場合、王朝の崩壊はもはや時間の問題となる。

以上が、中国の王朝を崩壊させる二大要因ではないかと思うが、二番目の要因となると、皇帝の資質や性格など、個人的要素がそれに深くかかわることになる。一つの王朝において、人間としてまともな「名君」が続いて出現するなら、王朝が存続していくこともできるが、バカな皇帝や精神的に異常な皇帝が権力の頂点に立ち続けると、王朝は傾いてしまう。

そして極端な場合、一人の暗愚な君主、あるいは狂気の君主が皇帝になったとき、そのあまりの暗愚さと狂気さが主因となり、王朝を潰してしまうこともある。このような皇帝を中国では「亡国の君」と呼び、皇帝一人のせいで大王朝の一つが崩壊するのである。

本書は中国史上の「亡国の君」たちにスポットを当て、彼らがいかにして先代皇帝や先祖皇帝がつくった王朝を己の手で潰してしまうのかを分析していく。

登場人物は、日本でもよく知られる秦の始皇帝の嬴政《えいせい》と息子の胡亥《こがい》、隋《ずい》の煬帝《ようだい》（楊《よう》広《こう》）、そして日本では知名度の低い新《しん》朝創建の王莽《おうもう》、明《みん》朝最後の皇帝の崇禎《すうてい》帝である。

彼らの中にはさまざまなタイプの君主がおり、王朝を潰した理由もさまざまだった。

・民衆を酷使《こくし》しすぎて王朝の基盤を崩した「暴君」
・頭が悪すぎたため、宦官《かんがん》によって政治を牛耳られ王朝を潰した「愚君」
・「儒教的社会主義」の理想実現に燃えすぎて自らの創建した王朝を滅亡に導いた「狂君」
・派手好きで国力蕩尽《とうじん》の「大事業」をやり過ぎたことで国を破滅させた「蕩君」
・深刻な人間不信に陥り、政治粛清をやりすぎた結果、王朝の崩壊とともに首吊り自殺を余儀なくされた哀れな「暗君」

……などである。

「亡国の君」の特性をすべて兼ね備えた男

こうした「亡国の君」の事跡と彼らが「亡国」したことの経緯を見ていくのは、大変興味深いことである。そして筆者の私は、それらの歴史上の皇帝たちの行状の一つひとつを丹念に見ていくうちに、大変面白いことに気がついた。

それらの「亡国の君」たちが持つところの、それぞれの人間性や性格上の欠陥、そして彼らが「亡国の君」となり果てた所以《ゆえん》の異なった性質の愚昧《ぐまい》さと狂気さ……などのすべては、実は、今に生きる現代中国の独裁者の一人に集約されており、その人物は己の一身において前述の暴君・愚君・狂君・蕩君・暗君の特徴的なもののすべてを持ち合わせていたのだ。

その人物とは、現代の中国共産党政権の最高指導者、事実上の皇帝として中国に君臨している習近平その人だ。彼の性格上の特徴や実際にやっているトンチンカン事の一つひとつを点検していけば、それらは全部、歴史上の「亡国の君」たち一人ひとりとそっくりではないか。

この「一大発見」に気づいた時に、我ながら大いに驚き、そして涙が出るほど嬉しくなった！

習近平こそ現代中国の「亡国の君」となるべき人物ではないのか。自らの君臨する王朝を潰した歴史上の「亡国の君」と同様、今の共産党独裁王朝を内部から潰してくれる「偉人」がやっと現れたのではないか。

だからこそ、習近平の共産党国家はいまだに「亡国」していないものの、筆者は何の躊躇《ためら》いもなく、彼を「亡国の君」の列に加え、本書の5章と6章を飾ることにしたのだ。そこでは、習近平の暴君・愚君・狂君・蕩君・暗君ぶりをつぶさに見ながら、彼が今後、いかにして共産党政権を潰していくのかを見通した。

そして、それによって本書は単なる歴史本に止まらず、まさに歴史から今の中国を見る一冊、そして未来の中国を予言する一冊となった。まさに習近平様のお陰であり、本当にありがたい御仁である。

それでは、歴史上の「亡国の君」たちがいかにして王朝を潰したのか、そして現代の愚君、習近平が一体どのようにして共産王朝を潰していくのか、彼らの失敗と悲劇から読み取ることができる中国史の現代的教訓とは何か、その詳細は読者の皆様の楽しみとして取っておこう。1章からページを繰《く》っていただければ、読むことの楽しさ、新発見の面白さが満杯な内容であることは保証したい。

最後に、本書の企画・編集を担当してくださったワック出版編集部の皆様に心からの御礼を申し上げたい。そして、本書を手に取っていただいた読者の皆様に心からの感謝を申し上げたい。

もう一つ、冗談半分だが、本書のクライマックスを飾ってくださった中国稀代《きだい》のバカ殿・習近平国家主席閣下にも、礼儀としての御礼を申し上げておこう!

令和6年5月吉日　平城右京・独楽庵にて

石　平

中華王朝滅びの法則
そして習近平は！

◎目次

5章 〝無徳・無能〟習近平の素性

6章　〝裸の独裁者〟習近平の運命

装幀　須川貴弘（WAC装幀室）

1章

〝暴君〟秦の始皇帝

〝史上最強〟の大帝国は一人の悪党の手によって滅んだ

秦《しん》の始皇帝（嬴政《えいせい》。紀元前259〜紀元前210年）は、絶対的な独裁者である皇帝自身を頂点とした中央集権のシステムを確立した。全国に対する王朝の政治的・経済的・文化的統制をひときわ強固なものとして、対内的には皇帝の絶対的な権威を樹立した一方で、対外的な中華帝国の覇権樹立にも腐心した。こうしてできあがった彼の王朝と帝国は、それまでの中国史上における最強のものとなった。

天下万民に対する皇帝の政治支配は盤石で、かつ独裁は永久に揺るぎのないもののように見えた。実際、始皇帝が自らのことを「始皇帝」と称したのも、自分の死後、子孫たちが「2世皇帝」「3世皇帝」へと、永遠に独裁を継承することを念頭に置いていたからだ。

しかし後の歴史の展開は、この絶対的な権力者の意にまったく反したものになる。秦の始皇帝が死去して2世皇帝が即位したその翌年（前209年）、人民の反乱が起こり、2年後の前207年に2世皇帝が殺された。そして3世皇帝、公子嬰《こうしえい》が即位したが、1年もたたずに反乱軍が首都の咸陽《かんよう》に迫り、秦王朝は潰れた。

秦の始皇帝が苦心して創建した秦王朝と、その強固そうに見えた皇帝独裁の政治支配は、たった15年で滅んだ。しかも、王朝の創始者である始皇帝が死去してから、わずか4年後の帝国滅亡だった。

強固な皇帝独裁体制をつくり上げた始皇帝

紀元前221年は、ある意味において中国の長い歴史上もっとも重要な年だ。

この年に「戦国七雄」(秦・楚・斉・燕・趙・魏・韓)の一つである秦国は、ほかの6カ国をことごとく滅ぼすことで天下統一を果たし、史上初めての統一帝国、秦帝国をつくり上げた。それに伴い、この偉業を自らの手で成し遂げた秦王の嬴政は、中国史上初めての皇帝となり、その後2000年以上も続く「皇帝の時代」の幕を開けた。

秦帝国誕生以前の古代史において、中国大陸では殷《いん》と周《しゅう》という二つの王朝が存在していた。しかし殷と周は王朝であるとは言っても、王は単なる名目上の天下の主人に過ぎず、当時の中国全体を「実効支配」していたわけではない。

たとえば周王朝の場合、封建制の下で天下は数百の諸侯に分封＝分割統治されており、各諸侯国は完全なる自治権を持ち、各自の領地と人民を治めた。周王朝の王は一応、天下統合の象徴として各諸侯国を従わせてはいるが、王が実際に支配できるのは

「王畿」あるいは「近畿」と呼ばれる限られた土地のみである。国の実体は比較的小さな諸侯国の一つに過ぎなかった。そして春秋戦国時代になると、周王朝とその王は諸侯国から建前上の尊敬すら受けなくなり、完全に蔑《ないがし》ろにされた。

戦国時代末期、秦国は周王朝を滅ぼし、封建制の時代を名実ともに終わらせた。

前述したように、前226年から秦国は嬴政《えいせい》という強力なカリスマ王の指揮下で「戦国七雄」と呼ばれるうちの6カ国を次から次へと滅ぼし、前221年、嬴政は天下統一を果たすと、中国史上最初の皇帝、すなわち秦の始皇帝となった。

そこで始皇帝嬴政は、それまでの封建制と全く異なる皇帝独裁、中央集権制の統治システムをつくり上げ、全国で実施した。

全国の土地を諸侯たちに領地として配分するという封建制とは違い、中央集権制の下では、全国の土地と人民はすべて皇帝の領有となり、王朝の直接支配下に置かれる。そして、以前の諸侯たちに取って代わり、各地方の統治に当たるのは皇帝の手足として朝廷から任命される官僚である。命令はすべて都にある朝廷から発せられ、権力はすべて朝廷に集中する。だからこそ「中央集権制」と呼ぶ。さらに言えば、朝廷の唯一の主《あるじ》は皇帝であり、意思決定の最終権限は皇帝の手にあるのだから、筆者は「皇帝独裁の中央集権制」と名付けている。

歴史書で一般的に「郡県制」と呼ばれる秦王朝の皇帝独裁中央集権制は、具体的に次のような形をとっている。

秦王朝はまず統一した全国の土地を36の「郡」（後に48郡）に分けた。郡の下にはさらに「県」を置き、郡は中央政府から派遣される守（行政官）、尉（軍事官）、監（監察官）によって、県は同じ中央政府から派遣される行政官の令と軍事官の尉によって治められる。

そして中央政府においては、左右の丞相《じょうしょう》（宰相）を筆頭に、それを補佐する役目として御史大夫《ぎょしたいふ》（副宰相）、大尉（軍事長官）を置き、その下に官僚機構を据えた。

もちろん、地方の守・令・尉、中央の丞相・御史大夫・大尉などの上級官職の任命権はすべて皇帝の支配下にあり、官僚組織は皇帝の手足として動いていた。

官僚たちは皇帝の命令を受け、各地方の統治に当たるが、彼らは各地方の人民にとっての主ではなかった。人民にとっての唯一の主・支配者は皇帝その人であり、官僚はただ皇帝の手足、僕《しもべ》であるにすぎない。官僚は皇帝の代行として政治権力を行使している点で、人民より上位だが、皇帝の僕である点において実は人民とは何の変わりがない。つまり、皇帝は唯一の主、人民と官僚のすべては僕であるという、いわば「一君万民」の政治体制が秦王朝においてできあがったのだ。

皇帝が政治の全責任を負わされる代わりに、絶対的な権力と権威も手に入れたわけだ。

皇帝独裁の中央集権制において、官僚への任命権と意思決定の最終決裁権を握る皇帝が絶対的な権力者であるのは前述のとおりだが、その一方、皇帝には最高権威としての地位も付与された。それは、皇帝が持つ「天子」という別の称号によって示される。

「天子」とは、すなわち「天の子＝天の息子」の意である。中国の伝統思想において、森羅万象《しんらばんしょう》、宇宙全体の主は「天」だが、皇帝はまさに「天の子」として「天からの任命＝天命」を受け、この地上の民を治めることになる。つまり「天子」と称することで、皇帝は半ば神格化された存在になると同時に「天」の唯一の代理人としての権威を身につけたのだ。

しかも「天」は、あくまで実体のない存在だから、この地上に生きるすべての人々にとって、現存する皇帝＝天子こそは誰もが恐るべき最高の神格となり、誰もが服従すべき最高の権威となる。このように最高の権力者である皇帝は、中国における最高の権威ともなったが、権力と権威が一身に結合したところに中国皇帝の姿がある。

しかし最高権力者である皇帝の身に最高の権威が付くと、結果的に皇帝の持つ権力が無制限なものになる。皇帝が「天命」を受けた唯一の主権者だから、その権限と行動を制限できる人間は地上には当然、存在しない。ただ一人、皇帝の行いを制限できるのは、その父たる「天」とされているが、「天」は実際に意志を示すこともなく、言葉もなく、それゆえに皇帝に命令することも、皇帝を叱ることもできない。結局、この地上において皇帝の権力はやりたい放題の絶対権力となる。

このように絶対的な独裁者である皇帝＝天子の意志一つで天下万民が完全支配されるという、もっとも恐ろしく完璧な独裁体制が始皇帝の手によって創建された。さらに始皇帝はその無制限な絶対権力を行使し、自らを頂点とした独裁体制の、より一層の強化に努めていく。

王朝に批判的な儒者を生き埋めに

独裁体制強化策の一環として、始皇帝は全国における文字・貨幣・度量衡《どりょうこう》（度は物差し、量はます、衡ははかり）の統一をはかった。

文字の統一で皇帝が文書で下す命令が全国に行き届くようになり、貨幣・度量衡の統一によって中央政府の全国の経済に対する統制がしやすくなった。

さらに車軌《しゃき》の全国統一も実現した。馬車の車輪の幅《はば》がそれまでは違っていたのだが、車軌、すなわち車輪と車輪との間隔を統一したことで、全国的な道路網の整備とも相まって、王朝の軍隊を各地方に迅速に派遣することが可能になり、地方の反乱に速やかに対応できるようになった。

その一方、始皇帝は、天下統一の直後に人民から武器を取り上げる政策を断行した。全国で没収した銅製の武器を首都の咸陽《かんよう》に集め、それらを溶かして「鐘鐻金人《しょうきょきんじん》」と呼ばれる巨大な銅像を12体もつくった。

また始皇帝は、徹底した思想統制のために、王朝成立8年目の前213年、「焚書《ふんしょ》坑儒《こうじゅ》」という名の思想弾圧を行った。実用書以外の史書や儒学書を強制的に集めて焼き払った一方、王朝の政治に批判的な儒者460名余を生き埋めにした。

こうした統制強化の遂行と同時に、始皇帝が熱中していた大々的な政治行動の一つが、皇帝自身による天下巡遊である。天下統一を果たした翌年から彼自身の死去までの10年間、始皇帝は5回ほどの天下巡遊を実行した。

最初の巡遊地は天下統一以前の秦国の領地だったが、他の4回は全部、秦国によって滅ぼされた6カ国の旧領地で行われた。壮麗な馬車の長い列が連なり、帝国の精鋭部隊によって警備された始皇帝の巡遊は、そのまま旧6カ国の人民に対する新王朝の示威《じい》行為であり、至高無上の皇帝の絶対的権威を見せつけるためのデモンストレーションでもあった。また、巡遊中の始皇帝は道中の至るところに自らの業績を褒め称える石碑を建てた。

北方の遊牧民族の脅威から帝国の安全を守るため、始皇帝が万里の長城を築いたのは有名な話だが、当時の中国南部に隣接する異民族の南越に対する征伐戦争を行い、50万人の大軍を嶺南《れいなん》地方に送り、この地域を占領して王朝の版図に入れた。

それ以来、異民族を征服することで中国皇帝＝天子の権威を高めるのは中華帝国の悪しき伝統の一つとなったが、それを初めてやったのが始皇帝その人である。

なぜ王朝はこうもあっけなく滅亡したのか

ここまで強固な体制を築き上げた秦王朝だったが、たった15年で滅亡した原因は一体どこにあったのか。その直接の原因は一般民衆による大反乱だった。秦王朝滅亡までの民衆反乱の発生と拡大のいきさつを見てみよう。

最初の反乱が起きたのは、始皇帝死去のわずか10カ月後の前209年7月。現在の安徽《あんき》省宿州《しゅくしゅう》市付近の大沢郷で、強制的に徴兵されて北部国境の防衛に向かうはずの農民900人が、陳勝《ちんしょう》と呉広《ごこう》をリーダーに反乱を起こした。道中に大雨にあい、定められた期日通りに目的地に到着することができず処刑される恐れがあったから、どうせ死ぬならいっそのこと思い切って決起したのだ。中国史上最初の農民反乱「陳勝・呉広の乱」である。

決起した反乱軍は大沢郷を占領した後に周辺の諸県を攻略し、戦国時代の楚《そ》国の首都、陳《ちん》を占領した。その時、反乱軍はすでに騎兵1000人余、兵卒数万の大勢力に膨らんだ。

そして乱は瞬く間に全国各地に飛び火し、農民を中心とした民衆が秦の官吏を殺して蜂起、全国に及ぶ秦王朝の中央集権的支配が音を立てて崩れていった。

全国で立ち上がった数多くの反乱勢力の中には、かつての楚国の貴族の末裔である項羽《こうう》の勢力と、秦王朝の末端官吏であった劉邦《りゅうほう》の率いる勢力が特に目立った働きをした。そして陳勝・呉広勢は内部分裂で崩壊し、両人ともが殺されたのち、項羽と劉邦の2人は秦に対する軍事反乱の事実上のリーダー役になった。

こうした中で、項羽軍は現在の河北省邢台市《けいだいし》にある鉅鹿《きょろく》で秦王朝の主力軍を撃破したのち、劉邦軍は王朝の首都である咸陽《かんよう》を目指して急進行、つい咸陽の城下に迫った。

その時、秦王朝の政権中枢はすでに末期状態だった。全権を握った宦官《かんがん》の趙高《ちょうこう》が丞相の李斯《りし》を殺したのち、自分の操り人形である2世皇帝にもついに手を下した。2世皇帝の死後、趙高が3世皇帝として皇族の公子嬰《こうしえい》を擁立することにしたが、公子嬰は即位する直前に趙高を殺し、その一族を滅ぼした。

しかし公子嬰は、咸陽の城下に迫ってきた反乱軍に対してなす術《すべ》もなかった。前206年の年明けからまもなく、公子嬰は皇帝のシンボルである玉璽《ぎょくじ》を首に掛け城外に出て、それを劉邦軍に献じて降伏した。全国統一を果たしてから15年、陳勝・呉広の乱が起きてからわずか2年半、あれほど強大にして盤石のように見えた秦帝国はあっけなく滅亡した。

以上が秦王朝崩壊のプロセスだが、王朝を崩壊させた最大の原動力は民衆の大反乱であることは一目瞭然である。が、それほどの大反乱が起きて拡大した背景にどんな要因があったかというと、始皇帝の時代からの民衆に対する過度な酷使が大きかったのではないか。

秦帝国は成立以来、滅ぼされた6カ国の遺民たちの反乱を警戒しており、中央集権制の統治システムを維持するために常に数十万人の常備軍を持っていた。そして統一帝国の長い国境を守るために、いわば防人《さきもり》としての大規模な国境守備軍も要していた。北部国境では匈奴の襲来を防ぐため常に30万人規模の兵士を駐屯させたが、同時に南方にも、今のベトナムに当たる南越を制圧しておくために50万人規模の大軍を置いた。

この3つを合わせれば110万人の兵力が必要とされるが、その人員は当然、一般民衆からの徴兵である。

しかし、当時の秦王朝支配下の総人口は約2000万人に過ぎない。2000万人の人口から110万人の人々を兵役に徴用することは、今の日本で言えば700万人規模の人々が徴兵されたような状態になる。民衆に強いた負担の大きさは計りしれないだろう。

秦の始皇帝の時代、王朝が国防のために行ったもう一つの歴史的な大プロジェクトが、有名な万里の長城の建造である。北部の国境沿いに、長さ数千キロにも及ぶ長城を建造するために大量の労働力が必要とされたことは簡単に想像できるが、全国から農民を中心とした一般民衆の徴用によって調達された。一説によると当時、全国に縦横する道路網の整備などの公共事業と合わせて、徴用された労働力はなんと150万人にも上る。

そして、それらの国家的公共事業の展開と同時に、秦の始皇帝は自らの住む宮殿と自らの眠る陵《みささぎ》の建造に多大な情熱を注いだ。司馬遷の『史記』によると、巨大宮殿である阿房宮《あぼうきゅう》と始皇帝の陵である驪山陵《りざんりょう》の建造のため、罪人などからなる70万人の労役が動員されたというが、罪人であろうとなんであろうと、結局はもともと全員民衆である。

このように、秦の始皇帝から2世皇帝の治世までの十数年間、秦王朝が兵役と労役の両方で一般民衆から300万人も徴用したとされているが、総人口数が2000万人であることからすれば、国家の命令による兵力・労働力徴用の規模の大きさは、民衆の耐えられる限界をはるかに超えていたことは確実だろう。

考えてみればすぐに分かる。総人口が2000万人であるなら、男はその半分の1000万人。この1000万人の男から子供・老人を除けば、青壮年はせいぜい60

0万人程度だ。そしてわずか十数年間、全国の青壮年男600万人のうち、半分の人々は自らの住み着く土地と家族から切り離され、国境の守備や、宮殿や長城の建設などの苦役に駆り出されたのだ。

その結果は実に深刻である。まず経済の面からは、農業を支える男の青壮年の半分が兵役や労役に徴用されると、農耕地の荒廃と農業の生産力の急速な低下が避けられない。農業が一国の経済を支える柱であるこの時代、農業の荒廃が結果的に民衆全体の生活を破壊してしまい、彼らを食うや食わずの生き地獄に追い込むのは必至だ。

その一方、兵役と労役に徴用された数百万人の男たちもまさに生き地獄の中で喘《あえ》ぐこととなる。家族から切り離されて辺境の厳しい環境の中で兵役についたり、長城の建造などの重労働を強いられたりする彼らは、おそらく満足の行く食事すら提供してもらえなかっただろう。数百万人単位のそういう人々が不平不満の塊《かたまり》となり、反乱の起きる温床《おんしょう》となってもおかしくない。

そして前述のように、兵役に徴用された陳勝・呉広の一団が生きる道を断たれた中で立ち上がると、その火があっという間に全国に広がり、暴政に苦しむ民衆はあちこちで蜂起を始めた。その結果、わずか2年半後に秦王朝が滅亡したのだ。

こうした急展開を見ればわかるように、陳勝・呉広の乱のずいぶん前から、秦の始皇帝の暴政は民衆による一斉蜂起の温床を生み出していたのではないか。数百万人の反乱予備軍の不平不満がすぐさま頂点に達するような状況があったからこそ、わずか900人の反乱でも一気に全国蜂起へと拡大したのだろう。

秦王朝の早すぎた滅亡の最大の原因が、兵役・労役のあまりにも過度な大量徴用にあったことは明らかである。そして、このような民衆酷使の暴政・悪政を盛んに行ったのは始皇帝自身であり、秦王朝崩壊の最大の責任者は始皇帝その人だ。これが、「亡国の君」の第一人者として始皇帝を選定した理由でもある。

始皇帝親子を騙し王朝崩壊に導いた〝張本人〟

「民衆酷使の悪政」こそ、秦王朝崩壊の最大の原因である。

しかし、それにしても秦王朝の崩壊は早すぎる。600年も続いた殷《いん》王朝や約800年も存続した周王朝とは比べられないが、秦王朝以後の歴代王朝の中で、天下を統一した王朝が15年で滅んだのは、2章に登場する王莽《おうもう》の新《しん》朝以外にない。つまり秦王朝は王莽新朝と並び中国の歴史上もっとも短命な王朝の一つであり、生前の始皇帝は自分の創建した巨大帝国が、それほどの速さと脆《もろ》さで崩壊してしまうとは夢にも思わなかったのではないか。

それでは、始皇帝の「民衆酷使の悪政」以外に、秦王朝崩壊の原因はなかったのだろうか。

そしてもう一つ、秦王朝が滅んだのは始皇帝死去の4年後だが、この4年間で、王朝の中枢部で何が起きたのか。始皇帝がつくり上げたあれほど完璧にして強固な統治システムをもってしても、2世皇帝・3世皇帝の秦王朝が民衆の反乱を鎮め、帝国の崩壊を食い止めたり、遅らせたりすることさえもできなかったのは一体なぜか。

さらに言えば、そもそも始皇帝の死後、秦王朝は2世皇帝の下で「民衆酷使の悪政」を改め、負担を軽減するような「善政」をどうして施行できなかったのか。このような「善政」を多少でも行ったのであれば、秦王朝はあれほどの早さで崩壊することはなかったと思われる。

もちろん実際には、始皇帝死後の秦王朝は始皇帝の悪政をそのまま継続させ、民衆への負担の軽減策を何も打ち出せず、民衆反乱への対応策もきちんとできなかった。

だからこそ始皇帝死去のわずか4年後、強大な帝国は音を立てて崩れてしまった。

しかし、歴史に「if《イフ》」というものが許されるのなら、始皇帝の死後、秦王朝の政治は別の展開を迎える可能性もあった。それによって王朝の崩壊、少なくともその早すぎる崩壊は避けることもできたのではないか。

「別の展開」とは、始皇帝の皇子の一人である扶蘇《ふそ》が皇位を継いだ場合の話である。

扶蘇は始皇帝の長男であり、始皇帝死去の時には成人していた。『史記』によれば、扶蘇は多くの皇子の中でも、聡明で温厚な人格者として知られており、人望が厚かったという。そして始皇帝が前述の「坑儒」を行った際、多くの皇子や臣下の中で、扶蘇一人だけが父皇を強く諫《いさ》めたと『史記』は記している。

扶蘇はそれによって始皇帝の逆鱗《げきりん》に触れ、大軍を率いて北方の領土を守備している将軍・蒙恬《もうてん》の監軍を務めるという名目で広漠の北方へと追放された。この一件からしても、扶蘇は父皇の始皇帝とは異なった政治理念の持ち主であり、しかも大変勇気のある人間だったことがよく分かる。

もし、扶蘇が長男として始皇帝の後を継ぎ2世皇帝になっていたら、秦王朝の政治は大きく変わった可能性が十分にあり得る。その際、聡明にして仁愛のある「扶蘇皇帝」は始皇帝の悪政を改めたり、部分的に修正し、民衆負担を軽減したりして、不平不満をある程度解消する方向へと王朝の政治を持っていったのではないか。王朝の崩壊は避けられたのかもしれないし、少なくとも、かなりの延命が図られただろう。

しかし、これは決して仮定の話ではない。実際に「扶蘇皇帝」の誕生はすでに実現寸前だった。絶対独裁者の始皇帝は自らの死ぬ直前に、扶蘇を後継者に据える意向を明確に示していたのだ。

始皇帝が死去したのは前210年7月、彼が第5回目、すなわち最後の天下巡遊に出かけている途中だった。巡遊の途中で発病し、病状は重くなるばかりである。そこで、自らの死を覚悟した始皇帝は、北方の守備についている長男の扶蘇に、大変重要な詔書を発することにした。北方から首都の咸陽《かんよう》に帰り、始皇帝の葬式を執り行えと命ずる内容だ。

当時、王朝は後継者としての皇太子を立てていないが、始皇帝はこの詔書を持って事実上、扶蘇を後継者に指名した。始皇帝は最後の最後では、王朝の安泰のためには誰を次期皇帝にすべきか、よく分かっていたのだ。

扶蘇の皇位継承に向けて決定的な流れができていたが、始皇帝と秦王朝にとって大変不幸なことに、王朝の運命を決するこの肝心なところで、一人の悪党が暗躍し、流れを完全に変えてしまった。始皇帝の身辺に使える筆頭宦官《かんがん》、趙高《ちょうこう》である。

当時、趙高は中車府令《ちゅうしゃふれい》という要職にあり、始皇帝のもっとも信頼する側近として皇帝の事実上の秘書役も務めていた。始皇帝の発する詔書などの命令書と口頭の命令はほとんど趙高によって伝達され、臣下たちは趙高を通じて始皇帝に上奏していた。要するに趙高は、皇帝の代理人、もしくは代弁者のような存在であり、絶大な権力を手中に収めていたのである。

始皇帝が生前に発した最後の詔書、すなわち扶蘇を後継者に事実上指名した前述の詔書は、いつものように、趙高を通じて発せられることになっていた。始皇帝としては当然、自分の詔書は信頼すべき趙高によって直ちに扶蘇に届けられることを期待して疑わなかっただろう。

しかし、始皇帝は夢にも思わなかっただろうが、皇帝が死の床にいることを誰よりも知っていた趙高は、最初からこの詔書を握り潰すつもりだった。その時、趙高とともに始皇帝の末子である胡亥《こがい》も皇帝の巡遊に随行していたが、実は趙高は始皇帝の意向に反し、扶蘇ではなく胡亥を次期皇帝にしようと考えていた。というのも、趙高は始皇帝の指名によって以前から胡亥の家庭教師と後見人を務めており、胡亥とは大変親しい関係にあったからだ。

その一方、胡亥の教師を長く務めていた老獪《ろうかい》な趙高は、胡亥がとてつもないバカであることをとっくに見抜いており、胡亥を操る術もちゃんと心得ていた。つまり、趙高からすれば、胡亥が次の皇帝となれば自分の操り人形となり、宦官の自分こそ天下一の権力者として振る舞うことができるとにらんだ。だからこそ趙高は胡亥の皇位継承を誰よりも熱望したのだ。

そして、千載一遇《せんざいいちぐう》のチャンスが巡ってきた。始皇帝は病床にいて死ぬ寸前、肝心の詔書は趙高の手にある。そこで彼は詔書を握り潰し、帝の死を待った。そして始皇帝が息を引き取ると、趙高はさらなる陰謀を企てて動き出す。

彼はまず、扶蘇《ふそ》を後継者にする例の詔書を破棄、巡遊に随行している丞相の李斯《りし》を説得し、胡亥を次期皇帝にする工作に加担させた。扶蘇が「坑儒」に反対して始皇帝を諌《いさ》めたことは前述の通りだが、実はこの李斯こそ「焚書坑儒」の立案者だったから、彼も扶蘇の皇位継承を恐れ、胡亥が皇帝になる方が良いと考えていた。利害関係が一致した2人は前代未聞の巨大陰謀を実行に移した。

彼らはまず、始皇帝がすでに死去した事実を完全に覆い隠した。始皇帝の身辺に近づくことのできるのは趙高と李斯だけだったためたやすくできた。彼らは死んだはずの始皇帝が生きているかのように徹底的に偽装したのだ。

そして彼らは大胆にも、すでに死んだはずの始皇帝の詔書2通を偽造した。一つは、胡亥を太子に立てる詔書、もう一つは長男の扶蘇と将軍の蒙恬《もうてん》に死を賜う詔書である。そして2通のニセ詔書は始皇帝の名義によって発せられた。

それによって、胡亥は首尾よく後継者としての太子になったのと同時に、北の荒漠たる地でニセの詔書を受け取った長男の扶蘇は天に向かって嘆き、父皇の「命令」にしたがって自決した。不服の将軍、蒙恬も逮捕され、処刑された。始皇帝のつくり上げた政治システムにおいては、皇帝の命令は絶対だったのだ。

始皇帝の天下巡遊の行列は、趙高と李斯の指揮下で首都の咸陽《かんよう》に向かうことになったが、咸陽に着くまでの途中でも、始皇帝の死はずっと隠蔽《いんぺい》されたままだった。時期は真夏の炎天下、始皇帝の遺体を載せた皇帝専用の馬車からは死臭が漏れてきたが、それを隠すために異臭を放つ生の鮑《あわび》を積んだ車を皇帝の馬車の周辺に配置するという徹底ぶりだった。中国史上有名な逸話の一つである。

行列が咸陽《かんよう》に戻ったところで、始皇帝の死去は初めて公表され、それと同時に太子の胡亥《こがい》は即位して2世皇帝となった。胡亥は20歳になったばかりである。

一大悪党の呆気ない最期

このようにして、扶蘇《ふそ》を後継者にするという始皇帝の賢明なる判断は、皇帝の死後、一宦官《かんがん》の趙高《ちょうこう》の陰謀によって覆され、秦王朝の皇位は趙高の操り人形に過ぎないバカ者の胡亥の手に落ちた。その瞬間、秦王朝の運命は決定した。王朝は新皇帝の下で始皇帝の悪政を改める最良にして最後のチャンスを失い、崩壊への道を一直線に突き進むことになった。

胡亥が2世皇帝となり即位すると、王朝の意思決定権は案の定、趙高が握ることになった。前述のように、秦の始皇帝がつくり上げた皇帝独裁の中央集権制において、皇帝は絶対的な権威と無制限の権力を持つ存在である。しかし、肝心の皇帝自身が暗愚で操られやすい人間である場合、臣下が皇帝さえ精神的に支配することができれば、皇帝の持つ無制限の権力が、その臣下の手に丸ごと移ってしまうこともある。それは実は、秦の時代以来、中国史上、無数の弊害をもたらした「皇帝の落とし穴」の一つだが、その始まりは趙高と胡亥の関係だったのだ。

それ以来の数年間、趙高は胡亥を意のままに操り、朝廷の政治をわが物にした。そのうち、かつての陰謀の共謀者である丞相《じょうしょう》の李斯《りし》は趙高にとっての邪魔者となっていた。趙高は権謀術数《けんぼうじゅつすう》を使い、2世皇帝に李斯への嫌悪と警戒心を植え付け、とうとう皇帝の手を借りて李斯を殺してしまった。そして趙高は李斯に取って代わって丞相に就任、王朝の最高権力は名実ともに趙高の掌握するところとなり、事実上の皇帝となった。

しかし、朝臣の中には胡亥と趙高の政治に不満を持ち反発している人々が大勢おり、趙高も依然として安心できない。そこで出てきたのが有名な「指鹿為馬＝鹿を指して馬となす」の話だ。

皇帝胡亥の前で開かれた朝会に、趙高は皇帝に献じると称して鹿の一頭を宦官に引かせてきた。そして皇帝に「これは馬でございます」と言い張った。さすがの胡亥も「これは鹿ではないか」と主張するが、趙高はその場にいる大臣たちに「それは鹿か馬か」と問うた。趙高に迎合して「それは馬だ」と返事する大臣が大勢いたが、その一方で、「やはり鹿だ」と主張する大臣や黙って何も言わない大臣もいた。それによって趙高は大臣の中にいる「味方」と「敵」を見分けたのだ。「馬鹿」の語源でもある。「敵」だと思われる大臣たちが、その後どうなったのかは言うまでもない。皇帝独裁に代わる趙高の独裁政治はこれで完全に確立した。一方、バカ皇帝の胡亥は、自分が鹿だと思った動物が趙高や多くの大臣たちに「馬」だと認定されるような事態となると、頭が混乱して自己懐疑に陥り、ますますバカとなって、国政に対する判断や決定を趙高にすべて任せることになった。

政治を壟断《ろうだん》した趙高は、自分の権勢を守るために権力闘争と粛清に明け暮れる一方、始皇帝のつくった王朝の運命がどうなるのかにはまるで関心はなかった。前述のように、始皇帝死去のわずか10カ月後、「陳勝《ちんしょう》・呉広《ごこう》の乱」が起こり、これをきっかけに民衆の反乱は全国各地に一気に広がった。

その時に趙高の講じた最大の対策は、すなわち2世皇帝に対して徹底的な情報隠蔽を行うことだった。2世皇帝の身辺は趙高とその腹心の宦官《かんがん》たちによって完全に固められているため、外からの情報は完全に遮断されており、真実は皇帝の耳にまったく届かなかった。趙高は毎日のように「天下は安泰で心配することは何もない」と胡亥にウソを吹聴し、バカ皇帝は安心して享楽に耽《ふけ》った。

しかし前207年になると、状況は決定的に悪化した。朝廷の差し向けた鎮圧軍の主力部隊が英雄・項羽《こうう》によって壊滅した一方、もう一人の英雄である劉邦《りゅうほう》の率いる反乱部隊が秦王朝の本拠地である関中地方を目指した。秦王朝の運命はいよいよ最終局面を迎えることとなった。

こうなると皇帝の住む宮中でもパニックが起き、宦官たちの多くは動揺し始めた。それでバカ2世皇帝の胡亥もようやく並ならぬことが起きていることに気づいた。彼は趙高を呼び「盗賊が咸陽《かんよう》の近くにやってきているとは本当か」と問い詰めた。

政治権力はすでに趙高によって壟断されていたが、胡亥は依然として皇帝である。始皇帝の構築した政治システムで皇帝の胡亥がその気になれば、非常手段を用いて趙高を排除することができないわけでもない。

脅威を感じた趙高は、いよいよ先手を打つことを決意した。彼はその娘婿の咸陽令（首都咸陽の長官）、閻楽《えんらく》に命じて、吏卒1000人を率いて宮中に乱入させ、2世皇帝をとうとう殺してしまった。バカ皇帝の胡亥は結局、一宦官に思う存分操られたあげく命まで奪われて、中国史上、殺された皇帝の第1号となった。

胡亥を殺した後、宦官《かんがん》の身でどうしても皇帝になれない趙高《ちょうこう》は止むを得ず、胡亥の兄の子、始皇帝の孫である公子嬰《こうしえい》を担ぎ出して次期皇帝にした。しかし、「第二の胡亥」になりたくない公子嬰は逆に、先手を打つ形で趙高を殺し、その一族全員を処刑した。始皇帝を裏切って2世皇帝を操り、権力の頂点に立った一大悪党の呆気ない最期だった。

趙高を殺した公子嬰は急いで即位し、秦王朝の3世皇帝となったが、その時、王朝の実体はすでに存在しなかった。全国の大半は反乱軍の手に落ち、劉邦の率いる部隊はすでに首都咸陽に近付いていた。そして前206年、年明け早々、劉邦部隊が咸陽の目の前に攻め込み、観念した公子嬰は自ら咸陽城外に出て、劉邦に降伏した。始皇帝のつくった巨大帝国の秦王朝が滅ぶ瞬間でもあった。

〝宦官政治〟による大きな災いは今でも続く

以上が秦王朝崩壊のプロセスだが、宦官の趙高が決定的な「役割」を果たしたことは明らかだ。「扶蘇《ふそ》皇帝」の誕生が趙高の手によって潰されなかったら、そして、王朝の2世皇帝、胡亥《こがい》が趙高の操り人形のバカ皇帝でなければ、秦王朝はあれほどの速さで崩壊することはなかっただろう。

大局的に見れば、民衆の反乱を招いた悪政を施行した始皇帝とバカ皇帝の胡亥が「亡国の君」であるには違いないが、その亡国への道のりにおいて、趙高は始皇帝親子を裏切って騙し通し、秦王朝を滅亡へと導いた元凶とキーマンの一人であったことに変わりはない。

そして趙高の果たしたこのとんでもない「役割」は、始皇帝自身が構築した皇帝独裁専制政治の一番の弱点、すなわち「皇帝の落とし穴」をまざまざと見せつけている。始皇帝のつくった皇帝政治は、皇帝が「万民一君」の絶対的独裁者として天下に君臨することになっているが、問題は、この絶対的独裁者の皇帝はただの生身の人間であり、さまざまな人間的弱みや弱点を持っているということだ。

そして皇帝の身辺で、その人間的弱点を知る立場の宦官が皇帝をうまく操ることさえできれば、その宦官は皇帝に取って代わり、事実上の最高権力者となって政治を乱し、国を滅ぼすこともできるのだ。

このような皇帝政治の「落とし穴」は秦王朝だけの問題ではなく、秦王朝以降の中国の皇帝政治における普遍的問題、皇帝政治の大いなる弊害の一つでもある。実際、後世の後漢王朝や唐王朝、あるいは4章に登場する明王朝において宦官政治が大きな災《わざわい》をもたらしたことは歴史の事実である。

そして、実は21世紀の今、名目上の皇帝制度や宦官制度がとっくに消滅した現代の中国でも、趙高流の宦官政治が再びその恐ろしい姿を現出している。「新皇帝」となった中国の習近平主席の身辺で、そして習近平政権の中枢で、去勢こそされてはいないが、一人の政治上の「宦官」が台頭し、政治を牛耳ろうとしているのだ。

具体的にどういうことなのか、詳細は6章で述べよう。「新皇帝習近平」の共産党王朝は新時代の「宦官政治」の台頭により、その崩壊が早まるかもしれない可能性を孕《はら》んでいるのだ。

2章

〝狂君〟新の王莽

「儒教的社会主義」の理想実現に燃え、国を失った男

前章で秦王朝が15年で崩壊した過程を見た。そして同じく15年で崩壊した王朝がある。王莽《おうもう》（紀元前45～23年）が創建した新朝《しん》だ。

中国の歴史上、新朝の認知度はかなり低い。新朝とはそもそも王莽が前漢王朝を乗っ取ってつくった王朝であるが、15年で崩壊し、後漢王朝が成立した。いわば中国流の正統的歴史観において、前漢を継いだのは後漢であるとされる。前漢・後漢はセットとなり、同じ劉氏一族による連続的王朝であるかのように思われている。だから新朝の存在はあまり認められていない。

しかし実際、前漢王朝は王莽の乗っ取りによって一度消滅したのであり、前漢と後漢の間に挟まれる形で、新朝という王朝が存続したことは歴史の事実である。

前漢・後漢を通じ、漢王朝の政権中枢では宦官《かんがん》と外戚《がいせき》による政権の壟断《ろうだん》が時々起こり、いわば漢の政治の一大特徴、あるいは弊害ともいうべきものだった。そして前漢王朝第11代皇帝・元帝《げんてい》の時代、王政君《おうせいくん》という女性が皇后となると、その一族の王氏は外戚として中央政界で台頭した。

元帝が死に、王政君の息子が皇帝（成帝）に即位すると、王氏一族は最盛期を迎え、外戚として漢王朝の政治を牛耳ることになった。

本章の主人公、王莽は王氏一族の一員だった。王莽は王氏の力をバックに政界に進出、やがて大物に成長し、漢王朝の政治権力を一手に握った。

そしてこの男はやがて、漢王朝を乗っ取って自ら皇帝となり、新朝という自前の王朝を創建した。紀元8年の出来事、前章にも登場した劉邦が前漢王朝をつくってから約200年後のことだ。

王莽が創建した新朝とは一体どういう王朝だったのか。そしてこの王朝は、なぜ創建されてからわずか15年で崩壊してしまったのか。

「儒教の理想的人間」になりきった〝役者〟王莽

王莽が一体どのような人物だったのか見てみよう。

王莽は外戚として政権を壟断した王氏一族の一員だが、絶大な権力をかさに着て横暴な政治を行い享楽に耽《ふけ》る王氏たちの中では、王莽はむしろ例外にして特殊な存在だった。

彼の父親と兄が早死にしたため、大黒柱を失った王莽一家は、王氏一族の中でもかなり冷遇され、貧しい生活を送った。兄亡き後の次男として一家を支える立場となった王莽は、勉学に励み、恭倹《きょうけん》、篤実な好人物して知られ、生きるさまは同じ世代の王氏一族のドラ息子たちのそれとは好対照だった。

その時の王莽の行状《ぎょうじょう》と人となりについて、『漢書・王莽伝』は次のように記している。

「王莽のいとこたちは、みな将軍や五侯の子であり、時勢に乗ってぜいたくをし、車馬や音楽・女色など逸楽に溺《おぼ》れ競い合った。王莽だけは孤で貧困であったため、則《のり》をこえず恭倹に身を持した。礼経を受けるため、沛郡《はいぐん》の陳参に師事し、身を勤め学を博《ひろ》めて、服を被ることは儒生のようであった。母と寡嫂（死去した兄の妻）に遣え、孤となった兄の子を養い、行いはたいへん整い備わっていた」

『漢書』とは前漢の正統を受け継いだ後漢時代に編集された歴史書だから、前漢を簒《さん》奪《だつ》した王莽に対しては当然、批判的な立場である。

だが『漢書』の王莽に対する記述は、むしろ若き日の王莽の行状と人となりを儒教の立場から褒めている。その時の王莽は儒教の教典の勉学に励みながら母親によく仕え、亡き兄の残した未亡人や遺子の面倒まできちんと見ている。まさに儒教世界の理想的人間観にかなった模範的好青年そのものである。

王莽と同時代の張疏《ちょうそ》という知識人も、王莽の人となりを称賛した文章を残している。それによると、王莽は若い頃から仁《じん》の道を実践し、欲望を抑制して礼の精神に立ち返り、世俗を矯正し、自らの道を保持して迷わなかった。その一方、粗衣粗食の生活に甘んじ、妻を愛し、家庭の中では孝養と友愛の精神をもって家族に接し、外では温容・良心を持って士にへり下り、昔ながらの知人に心を遣い、先生や友人には篤実した、というものである。

以上のような記述からすると、王莽は儒教の理想的人間像をそのまま実践するような「聖人君子」に見えるが、その一方、後になってあらゆる卑劣な手段を用いて前漢王朝を簒奪した時の彼の行状を見ると、王莽は儒教の道徳観とは正反対のことを平気でやる稀代《きだい》の悪党でもある。

そうなると、王莽という人物に対して「偽善疑惑」が浮上する。つまり、本当はただの悪党である王莽は、立身出世の目的のため、儒教の理想的人間像をわざと演じて見せていたのではないか、というものだ。確かに儒教が「国教」として盛んだったその時代、不遇の王莽にとって、世の中の評価を博して頭角を現すため「儒教の理想的人間」を演じて見せるのは一種の上等な戦略だろう。

後に政界の大物となって前漢王朝を乗っ取っていくプロセスにおいても、王莽はやはり儒教的理想を権力奪取の手段として徹底的に利用した。

しかしその一方、王莽の行状に関する前出の記述から類推するに、王莽による儒教的理想の実践は一種の偽善であったかもしれないが、その偽善があまりにもできすぎていたため、王莽《おうもう》はむしろ自分の演じたい「儒教的人間」になりきっていたのではないか。

演芸の世界では、一人の役者が自分の演じる役にあまりにもなりきることで、それが単なる「役」なのか、それとも本当の自分なのか、本人も分からなくなるケースが多々あるが、王莽の場合もそれに類似している。

出世のために儒教的人間を長く演じて見せているうちに、自分自身も「この俺こそは本物の聖人君子だ」という錯覚に陥り、いつの間にか儒教の理想に自分自身を同化させてしまったのかもしれない。

そして後述のように、王莽が一国の方向性を決める立場となった時に、儒教の理想はそのまま、彼のつくろうとした国家の理想になっていった。彼は新朝《しん》を創建した時、本気になってこの新しい王朝を儒教の理想王国としてつくり上げようとしたのだ。

「聖人君子」になるため2人の息子の命まで奪うことに

王莽が念願の出世のチャンスを手に入れたのは23歳の時だった。

王氏一族の中心人物である大将軍の王鳳《おうほう》が重病になると、甥の王莽は心を尽くして王鳳の看病に務めた。それに感心した王鳳は臨終の際、王莽のことを成帝と王政君に託した。それによって王莽は初めての官職にありつけたのだが、親や目上の親族の看病に務めるのはまさに儒教の奨励する行為である。王莽は「儒教的人間」になり切ることで出世の糸口をつかんだのだ。

王莽の初めての任官は宮中の金門の守護を担当する「黄門郎《こうもんろう》」だったが、しばらくして射声校尉《せきせいこうい》という皇帝の親衛部隊における中級クラスの将校に昇進した。そして29歳の時、とうとう列侯に封じられ「新都侯」となった。

前漢時代、朝廷の「国防大臣」に相当する官職は大司馬《だいしば》である。王莽が列侯に封じられた当時、大司馬のポストにあったのは王政君の姉の子である淳于長《じゅんうちょう》、王莽の従兄弟にあたる人物である。しかし王莽は淳于長の悪事を告発し、彼を失脚させた。そして、その後釜に座ったのが王莽《おうもう》自身である。

これで王莽は漢王朝の最高官職の一つに座ることになったが、大出世しても王莽の生活態度は変わらなかった。身を慎み、倹約に励み、政務には心を込めて励む……いわば「儒教的人間」であり続けたのだ。

しかし成帝が死去して次の哀帝が立つと、哀帝の母親方の外戚が台頭してくるようになった。それに伴って王氏一族は権勢を失い、王莽も中央政界から追い出された。そこで彼は、自らの封地で数年間の不本意な「隠居生活」を送ったが、紀元1年に哀帝が死去すると、王政君は早速政変を起こして哀帝の母親方の一族を政権中枢から追い出すことに成功、王氏一族は再び権勢を取り戻すことができた。

王政君の意向により、王莽は中央に呼び出されて大司馬に復活、さらに王政君は軍隊発動のための諸権限を王莽に与えたと同時に、百官の奏事を王莽の統制下に置くことを宣言した。そして王政君と王莽の選定によって次期皇帝も決められた（平帝）。この年44歳の王莽は、大皇太后である王政君の下で、事実上、漢王朝の最高権力者の一人となった。

そしてその時から、王莽は哀帝時代に権力を握った外戚たちや、その追随者に対して凄《すさ》まじい弾圧と粛清を行った。彼はまず、哀帝の時に皇太后として権勢を振るった趙氏と哀帝の皇后である傅《ふ》氏を廃し、庶人に落としてから自殺させ、趙氏一族と傅氏一族の官職についた者たちを全員免官にしたり、流罪に処したりした。普段では儒教的な聖人君子を演じて見せていた王莽だが、権力闘争の場面になると儒教の唱える「温良恭謙譲」のカケラもなく、冷酷にして凶暴なる本性を剝《む》き出しにしたのだ。

そうでありながらも、王莽は聖人君子を演じるのに腐心した。彼が権勢を失って封地で隠居していたころ、次男の王獲《おうかく》は奴僕《ぬぼく》の1人を殺してしまうという不祥事を起こした。王莽はこの息子を散々責め立てた挙句、とうとう自殺を命じた。その時代、貴族高官の息子が奴僕の1人を殺した程度で大した罪にはならないが、「聖人君子」の王莽は許すことができない。自らの名声を守るために何の躊躇《ちゅうちょ》もなく息子の命を奪ってしまった。

実は王莽は数年後、今度は自分の嫡子の王宇《おうう》を死に追いやっている。王宇が妻の兄と共謀して政治的陰謀を企んだことが発覚し、王莽は直ちに彼を牢獄に送って自殺させた。そして王宇の妻まで処刑を命じたのだ。

中国の長い歴史上で、2人の息子を自殺させた権力者は、おそらく王莽のほかにいない。王莽がこのような冷酷な行動をとった理由は、儒教的聖人君子としての自分の名声を保つためだったのだろう。しかし、それにしても1人の父親として2人の息子を死に追いやるとは、異常と言うしかない。

日本の戦国時代、徳川家康が嫡男の信康を自決させたことは有名な話だが、それは織田信長に命じられてやったことであって、決して家康が自ら選んで行った非情ではない。

しかし王莽は自ら進んで2人の息子の命を奪ってしまった。このような行為は「偽善」というひと言で解釈することなどできない。おそらく王莽は、聖人君子を長く演じているうちにいわば自家中毒化し、いつの間にか、儒教的大義や理想のためなら父親であることも捨ててしまえるような〝狂気的な人間〟になっていったのではないか。

漢王朝乗っ取りに〝儒教〟を徹底的に利用

前漢王朝の官職、大司馬《だいしば》に復活してから前漢王朝を簒奪《さんだつ》するまでの約8年間は、王莽にとって自前の王朝の創建に向かって全力疾走した時期だが、王莽は漢王朝の乗っ取りのために儒教の理想や教説を徹底的に利用した。

前漢王朝の乗っ取りのための第一段階として、王莽は前漢王朝の大臣を超える地位を手に入れなければならない。いつまでも前漢王朝の大臣の身分であれば、皇位の簒奪は儒教の視点からしても背徳の大逆無道になる。王莽はそれができないし、やろうともしない。彼はあくまでも儒教の教えに則った形で乗っ取りを遂行していく。

そこで王莽が踏み出した第一歩は、儒教の推奨する「周公の故事」に便乗し、自らを「安漢公」に昇格させることだった。

「周公の故事」とは、王莽の時代から1000年以上前の周王朝の時代の話だ。周の武王が殷《いん》朝を滅ぼして周王朝を創建した時、弟君の姫旦《きたん》は武王を補佐した王朝創建の立役者の一人であった。しかし周王朝が成立してから間もなく武帝が病死し、幼少な息子（成王）が王位を継承した。そこで姫旦は摂政となり成王を助け、王族たちの反乱を鎮圧して天下を安定させた。姫旦はさらに制度・礼楽を制定し、周王朝の基礎を固めた。このような偉大なる業績により、姫旦は臣下でありながら国号の「周」にちなんで「周公」と称され、いわば国王に次ぐ特別な地位に昇格した。

さらに南方の夷狄《いてき》の国「越裳国《えつしょうこく》」から白雉《はくち》を献上されたが、王朝内では「姫旦を周公に昇格させよう」という上天の意思が示されたことのしるしとして受け止められた。

まさに以上のような「周公の故事」に便乗して、王莽は自ら「公」になろうと画策した。そのために王莽は、南方地方にある益州の地方長官をサクラに使い、「夷狄から」と称して白雉一匹を朝廷に献上させた。それを受け、中央にいる王莽の側近や追随者たちは一斉に「周公の時と同様、天からの意思が示された」と騒ぎ出し、太皇太后の王政君に上奏して、王莽に「公」の称号を与えるよう請願したのだ。

王政君も早速にそれに便乗したことで、王莽は「安漢公」の称号をもらうことができ、念願の「公」となった。王莽はこのように儒教の聖人である周公と白雉の一匹をネタに、漢王朝乗っ取りへの第一歩を踏み出した。

数年後の紀元4年、王莽は自分の娘を平帝の皇后にするとともに「宰衡《さいこう》」という地位に就いた。それは、周公がかつて務めたことのある「大宰」という官職と、殷王朝の名宰相の伊尹《いいん》が就任した「阿衡《あこう》」という官職を組み合わせ、王莽のために新造したポストである。それに就くことで、王莽は周公さえ超えようとしたわけだ。

翌年の5年、王莽は次に九錫《きゅうしゃく》を受けることになった。

九錫とは皇帝の権威を示すための特別な車馬や衣服など皇帝専用の道具を指すが、

それを受けることで、王莽は皇帝と同様の儀礼上の待遇を受けることになった。実はこれもまた、いわば「周公の故事」に倣《なら》って行った重大なる政治行為だが、王莽はこれで名実ともに自らが皇帝となるための前段階の準備を整えることができた。

しかしそれでも、王莽は皇帝となって自前の王朝をつくるのに一つ超えにくい壁があった。前述のように、彼はあらゆることを儒教の聖人である周公に倣って漢王朝の乗っ取り計画を進めてきたが、問題は、彼の見本となっている周公は決して周王朝の王位を簒奪していない点だった。

兄の武王の死後、周公は摂政として兄の子の成王を補佐したが、甥の成王が成人してから周公は潔く引退し大政奉還した。だからこそ周公は儒教の世界では聖人の中の聖人であると絶賛されているわけだが、王莽は周公のような聖人になるつもりは毛頭ない。彼は最初から漢王朝の皇帝を廃し、自らの王朝をつくる気で満々である。

しかしそんなことをすれば、王莽は儒教の聖人である周公とは正反対、皇位簒奪の悪人となり、儒教の教えには完全に背を向けることになる。

今まで2人の息子を自殺させるようなことまでをしてつくり上げた自らの聖人君子の虚像は、これで一気に崩れる恐れがある。このジレンマをどう解消するのか。王莽が苦慮した末に持ち出した方策は、やはり儒教の利用だった。

王莽はまったくの捏造《ねつぞう》による、皇位簒奪のための新しい神話をつくり出した。儒教の神話の世界では、堯《ぎょう》と舜《しゅん》は徳を持って天下を治めた上古の聖天子として知られる。そして堯は自分の息子にではなく、聖人として誉《ほまれ》高い舜に天下を譲った。儒教の創作した「禅譲《ぜんじょう》」の美談である。

王莽はこれに目をつけた。彼はまず、自分自身が舜の末裔だと自称し、そして前漢王朝の創始者の劉邦を堯の子孫に仕立てた。

もちろん、その両方とも真っ赤な嘘である、農民の出自でヤクザ者の劉邦は、その家系をいくら遡《さかのぼ》ってみたところで神話上の聖王の「堯」につながるはずもない。しかし王莽にとってそんなことはどうでもいい。「劉邦は堯の子孫、自分は舜の末裔」という図式が成立すれば、まさに堯が舜に天下を譲ったのと同様、劉邦の子孫である前漢王朝の皇帝が王莽に皇位を禅譲するのは当然のことになる。

このでっち上げのつくり話を用いることで、王莽は漢王朝乗っ取りのためのイデオロギーの準備を完全に整えることができた。もちろん漢王朝の最高権力はすでに王莽の手中にある。後は時機さえ来れば、彼の皇位簒奪は一気に成就できるのである。

こうした中で王莽の立てた平帝という皇帝が14歳で急死した。一説によれば王莽による毒殺であるという。とにかく王莽は劉嬰《りゅうえい》という赤ん坊を皇太子に立て、自らが摂皇帝となったのだが、それは皇位簒奪の前触れに過ぎない。

紀元8年、王莽はようやくにして漢王朝から皇位を禅譲される形で皇帝として即位し、自分の王朝である新《しん》朝を創建した。

このようにして王莽は、若い頃は儒教の理想的人間像を演じて見せることで出世のチャンスをつかみ、残酷な権力闘争を勝ち抜いて王朝の政治を掌握し、そして儒教の聖人の周公を利用してからは、さらに聖天子の堯舜までも利用し、とうとう漢王朝を乗っ取るという壮大なる計画を実現させたのだ。

中国の歴史上では、聖人君子に扮して悪事を働いた悪党は数多く輩出しているが、ある意味では王莽はその第一人者、天下一品の偽善者ではあるまいか。

本気の「儒教王国建設」が新朝崩壊の一因に

しかし王莽という大悪党の一番不思議なところは、為政者としての彼の精神的バックボーンが、単なる悪党のそれに止まらなかったことである。彼は漢王朝乗っ取りのために儒教を徹底的に利用し、聖人君子を演じて見せたことは確かな事実だ。ところが、長年において「儒教的人間」を演じている中で、いつの間にか彼という人間の内面の一部となり、王莽は、聖人君子を演じながら本物の聖人君子になり切ろうとしたように思う。

その際、政治手段の悪辣《あくらつ》さや卑劣さは別として、王莽はその政治理念の面においては、本気になって儒教的理想王国の建設を目指した。そして自前の王朝を創建したその瞬間から、彼は実にこの上ない真剣さと情熱をもって、理想とする「儒教王国」の建設に全力を注いだのだ。

新皇帝王莽がまず着手したのは、儒教の古典に則った官制の改革である。

儒教教典の『礼記・王政篇』は、周王朝時代の制度に基づき「天子・三公・九卿・二十七大夫・八十一元士」という序列の整然とした官制を規定しているが、王莽はそれに従って前漢王朝時代の官制を全面的に改め、官制に対する「改革」よりも、見事な「復古」を行った。

これに伴い、前漢王朝時代の中央官庁の名称までが、すべて儒教の古典に則って改められた。王莽は儒教教典の『書経・舜典』の記述に倣い、たとえば漢王朝の大司農という官職を「義和」、大鴻臚《だいこうろ》を「典楽」、太僕《たいぼく》を「太卿」、衛尉《えいい》を「太衛」、中尉を「軍正」と、それぞれ名称を改めた。

地方官の名称も儒教の伝統に従って改名された。例えば郡の太守は「大尹」、都尉は「太尉」、県の令・長は「宰」に改名された。それと同時に、王莽は地方の行政区画を改めた。

前漢王朝の平帝の時代、全国は13州・83郡・1576県に区画されていたが、王莽はそれを9州・125郡・3203県に変えた。儒教の古典では天下のことは「九州」、すなわち9つの州からなると認識されていたからだ。

そして行政区画の変更とともに、多くの地方の地名までが変更された。例えば首都の長安は「常安《じょうあん》」に変更され、大半の州と郡も改名された。ある郡は5回ほど改名された記録もある。

もちろん、人々に長年馴染《なじ》んできた行政区画の突如の変更や官名・地方名の改名が、現場では多くの混乱と不便を招くのは必至だ。だが、新皇帝の王莽は一向に構わない。官制・区画・地名を含めて、この国の全ては、彼自身の信奉する儒教的な理想に従って改造していかなければならないからだ。

王莽の行った「儒教国家建設」が官制や地名の変更など形式上のもので止まるなら、「儒教人間」による「儒教国家建設ごっこ」に過ぎず、新皇帝の道楽で終わっただろう。ところが、王莽は決して建前上の「改革」に満足せず、むしろ本気になって国家の基本制度に対して儒教的改造を実際に進めた。

その最たるものの一つが、儒教の理念に則った土地制度改革の断行である。

農業国家である中国の歴史上、中国の歴代王朝にとって、土地制度こそは国家の根幹にかかわる最も重要な制度の一つであり、それに触れることは国家の一大事だ。特に創建されたばかりの王朝としては、土地制度を安定化させることで基盤を固めることが肝要だから、土地制度の改革や大きな変動に手をつけることなどしない。

しかし王莽は、新《しん》朝をつくった早々、さっそく土地制度の根本的改革に着手した。

その際、国家の根本にかかわる土地制度をどうしても変えたいのであれば、本来、綿密な現状調査を事前に行い、現実に即した改革案を練り上げるのが普通である。しかし王莽の場合、信じられないことに、必要な現状調査も現実に沿った政策立案もいっさい行わずに、儒教の理想論に基づいた土地制度改革をいきなり推進し始めたのだ。

その改革とは、儒教の理想とする「井田制《せいでんせい》」を規範とした「王田制」の制定と施行である。

「井田制」とは、中国古代の儒家たちが理想として説いた周王朝時代の土地制度だ。儒教の始祖である孟子《もうし》がその主唱者だが、孟子によると、「井田」とは一里四方の田を井字形に9等分し、中央の1区を公田とし、周囲の8区を私田とすることという。そこで、8家の農家がそれぞれの私田を耕しながら、共同で公田に奉仕する。そして公田からの収穫は税租として国家に収められる。

以上が孟子の説く「井田制」だが、問題は、このような土地制度が本当に存在していたのかどうか、周王朝の時代においても実際に施行されていたかどうかは全く不明なのだ。しかも、孟子の生きた時代にも、そんな土地制度は確実に存在しておらず、孟子自身、「井田制」というものを実際に見たことはない。

周王朝時代の政治・社会制度を記した儒教教典の『周礼《しゅらい》』では「井田制」に対する言及は一応あるが、孟子の説くそれとは大きく異なっている。

「井田制」は、実際にあったかどうか定かでなく、あったとしてもその実態はまったく明確ではない。よく言えば、それは孟子の説いた儒教の理想であり、悪く言えば孟子一個人の単なる妄想だったのかもしれない。

しかし、新皇帝の王莽は、そのようなあやふやな「儒教の理想」に基づいて、国家の根幹となる土地制度をつくり直そうした。

そして、王莽が施行したのが「王田制」だ。

天下の田地を全部国家の所有する「王田」にして、それを農民に平等に分けて分配し、耕して、そこから国家に税租を収めるのである。その際、「王田」は売買を通して豪族や有力者の所有に集中していくことを防ぐため、田地の売買も禁じることにした。天下の農民はみな、自分たちの耕す田地を持って農業生産に励み、自らの生活を安定させ、国家にも貢献する。

それは、王莽の夢見た儒教王国の牧歌的な田園風景であろう。だが、現実離れの空想に過ぎない。たとえ周王朝に「井田制」が実際にあったとしても、それはあくまでも春秋戦国時代以前の話であり、王莽の生きた時代からすれば700年も前の土地制度である。春秋戦国時代から秦王朝へ、そして秦王朝から前漢王朝へと時代が移り変わる700年間、中国の社会状況や経済構造が数多くの歴史的大変化を遂げたことは言うまでもない。

王莽の時代に、遠い昔の空想の「井田制」が現実の土地制度として執行できるはずがない。しかし王莽は、儒教の理想王国を自分の手でつくり上げたい一心で、理想、あるいは妄想かもしれない「井田制」をモデルにした「王田制」を政治的強制力で施行しようとしたのだ。

王莽の「王田制」は一体どこまで行われたのか。当時の資料はあまり残っておらず、よく分かっていない。王莽の新朝にまつわる歴史の謎の一つにもなっている。

しかし、短期間で失敗したことは確実だ。王莽が「王田制」施行の法令を発布した3年後の始建国4年（紀元11年）、法令そのものが廃止され、田地売買の禁止が解かれたことは正史に記載されている歴史の事実だ。その時点で「王田制」はすでに失敗に帰したのである。おそらく、全国の豪族や地主などの土地所有者の強い抵抗にあい、王莽はやむを得ず「王田制」の施行を諦めたのではないかと思われる。

その一方、土地制度をめぐるこのような政治的攻防の中で、さまざまな混乱が生じて農業の生産性も大きく落ち、王朝の経済基盤と政治基盤が大きく揺れたことは容易に想像できよう。

そして、土地改革の失敗が、王莽の新王朝を15年で崩壊させた要因の一つでもある。

重度の〝儒教中毒〟に冒された王莽

実は王莽《おうもう》は土地制度に限らず、儒教の古典を根拠に貨幣制度や税収制度の「改革」も行っている。

前漢時代の貨幣は、武帝の時に定められた五銖銭《ごしゅせん》だ。それは重さが五銖の銅銭で、武帝の時代から約100年間、安定した貨幣として使用され続けた。しかし王莽は建国前の紀元7年から五銖銭を廃し、重さが12銖の「大銭」を中心とした貨幣を発行し始めた。

なぜ「大銭」なのかというと、実は春秋時代の古典である『国語』という文献に、周の景王が「大銭」という貨幣を発行し、民の便に資したとの記録があるからだ。

つまり王莽は、何かの経済的合理性や現実上の必要性に基づいて貨幣の改造を行ったわけではない。古典の記述の一つを根拠に、国家の経済と天下の人々の生活にかかわる大事な貨幣を変えてしまったのだ。このような改革は、愚かというよりも、むしろ笑い話の境地に達している。

渡邉義浩氏（早稲田大学文学学術院教授）の『王莽 改革者の孤独』（大修館書店、2012年）によると、王莽は儒教古典の『周礼《しゅらい》』に基づき税制度も改めたという。

王朝の経済基盤である税制度にまで現実離れの儒教の理想に基づき「改革」の手をつけるとは、もはや「病気」というほかない。王莽の「儒教中毒」はかなり重度なものである。

貨幣政策とも関連しているが、王莽が施行したもう一つ有名な経済政策は「六筦《りくかん》」と呼ばれるものだ。「六筦」の「筦」は「管」とも記され、財貨を管理する意味合いがある。具体的には、①塩、②鉄、③酒、④山林叢沢《さんりんそうたく》の産物、⑤造幣・採銅、⑥物価調整・金融という6つの分野すべてを国家の統制下に置き、国家の独占事業とするものだ。塩や鉄に対する国家の統制は前漢時代から行われていたが、王莽はこれを拡大し、農業以外のほとんどすべての産業と経済の中心部門を国営化した。

そういう意味では、王莽の実施した経済政策と施行した経済制度は、現代の言葉で言えば社会主義政策と社会主義制度だろう。近代中国を代表する大知識人の胡適《こてき》は、王莽のことを「1900年前の社会主義者」と呼び、彼の諸政策は社会主義的な性格を有すると評しており、ドイツの有名な東洋学者、オットー・フランケも王莽の諸政策を「国家社会主義的実験」としてとらえている。どうやら本章主人公の王莽は立派な社会主義者であり、彼が信奉する儒教理念には、現代でいう社会主義的要素が多く内包されているのだ。

しかし古今東西、社会主義制度と社会主義的実験が成功した試しはない。旧ソ連や毛沢東時代の中国がそうであったように、社会主義制度の施行や社会主義政策の実施は、結果的に経済の疲弊と国民の貧困化をもたらし、地獄のような超貧困社会をつくり出す以外にない。王莽の「社会主義政策」あるいは「社会主義的実験」も同じである。

その実態を詳しく紹介する紙幅はここにはないが、結果的には、前述の「王田制」の失敗と同様、王莽の諸政策はほとんど例外なく失敗で終わる。しかも、こうした現実離れの政策が無理やり施行されるため、農村が疲弊して農業生産が大幅に落ち込み、市場が混乱して流通が止まり、経済も社会も大混乱の中で沈没する一方だった。

現実逃避した王莽の悲劇

こうした中で、王莽新朝に対する人々の不平不満と反発が高まってくるのは当然である。それに加え、王莽によって乗っ取られた前漢王朝に対して愛着心を持つ人々も依然として数多く存在し、彼らは最初から王莽のことを卑劣な簒奪者と見なし、王莽の王朝の正当性をハナから認めようとはしなかった。

王莽の失政に対する天下の不平不満が高まるにつれ、造反と革命の機運が熟し始める。大反乱の発生はもはや時間の問題だった。そしてそこから始まったのが王莽新朝の早すぎる崩壊だが、そのプロセスを簡潔に見てみよう。

まずは紀元17年、王莽の建国9年目、今の山東省にある琅邪郡《ろうやぐん》で呂母《りょぼ》と呼ばれる老婆が、県宰に殺された息子の復讐のために人を集め反乱を起こした。反乱軍が仇《かたき》の県宰を屠《ほふ》った後、呂母は死去したが、残った反乱者たちは樊崇《はんすう》という人を担ぎ出して再集結、そして周辺各地の流民たちを吸収し、有名な赤眉《せきび》軍を創建した。彼らが敵味方の区別のために眉を赤く染めたことが、その軍名の由来である。

その一方、山東省から遠く離れた今の湖北省でも反乱が起こった。反乱軍の本拠地が緑林山《りょくりんさん》という山だったことから「緑林軍」と呼ばれた。緑林軍の一部は北上し、今の河南省の南陽地方に入り、そこを地元とする前漢王朝宗族の劉氏一族と合流して大きな勢力をなした。

王莽政権は、赤眉軍と緑林軍に対して鎮圧の政府軍を差し向けたが、政府軍は結局、両方の反乱軍に敗れ、王莽政権は一気に窮地に立たされた。そして、勝利した緑林軍は劉氏一族の劉玄という人物を皇帝（更始帝《こうしてい》）に立て、政権を樹立。それが紀元23年2月のことだが、この年の9月には、更始帝の軍の一部が王莽新朝の首都、長安を包囲した。

こうして王莽政権はいよいよ最後の時を迎えることになったが、当時の王莽は亡国の危機にどう対処したのだろうか。彼はなんと、国家の大事のときには「哭礼《こくれい》」（泣いて天に助けを求める儀式）を行えばいいという『周礼《しゅらい》』や『春秋左氏伝《しゅんじゅうさしでん》』などの儒教教典の教えに従い、群臣を率いて南郊の祭壇でそれを実行した。王莽らは教典の定めた作法に従って胸を叩いて号泣し、天を仰いで助けを求めたのだ。

もちろんそれはただの茶番であり、何の効果もないことは最初からわかっていた。しかし、この噴飯するほどの茶番はどう考えても、王莽による人騙しの演出であるとも思えない。反乱軍が首都の直前まで攻めてきている中で、そんな演出をしたところで何の意味もないことは普通の人間でも分かる。

王莽という人間は、今までの人生の中で「儒教的人間」を長く演じたため、自家中毒に陥り、儒教の教えに従って行動すれば助かると本気で信じていたのかもしれない。彼は「哭礼」を通じて人を騙していたことよりも、自分自身を騙していた意識のほうが強かったのだろう。

結局、「哭礼」から数日後、入城した反乱軍の手によって王莽は殺されてしまった。

こうして王莽の王朝は、創建されて15年目にして跡形もなく滅んでしまったのだが、本章を通して記したように、儒教に対する自家中毒を起こした王莽が、儒教的「社会主義理想」に基づいて現実離れの儒教王国を自分の手でつくり出そうとしたことが、自分自身の政権を破滅へと導いた大きな要因の一つとなった。

そして現代の中国の新皇帝、習近平という人物も王莽と同様、現実離れと時代錯誤の「社会主義的理想」に燃え、自らの手で「社会主義ユートピア」を中国で復活させようとしている。習近平王朝の運命は今後どうなるのだろうか。

3章

〝蕩君《とうくん》〟隋の煬帝

派手好き、贅沢好きな性格で王朝を潰した〝バカ2代目〟

本章の主人公は、2代目皇帝として国を潰した隋《ずい》の煬帝《ようだい》（569～618年）その人である。創建して37年で崩壊したことで、隋王朝は中国史上、超短命王朝の一つとなった。

煬帝は一体どのようにして王朝を潰したのか。その原因を探ると、中国独特の四字熟語「好大喜功《こうだいきこう》」という言葉にたどり着く。

「好大喜功」という言葉は、日本語に直訳するのは難しいが、そのニュアンスを端的に説明すれば、大きなこと、派手なことを好み、世の中をあっと言わせるような手柄を立てるのが好き、という意味合いである。つまり、日本語の堅実さや地味さとは正反対の性格を持つ人間のことを指す。

日本でも「売り家と唐様《からよう》で書く3代目」という言葉がある。家業や企業を創業した初代が往々にして堅実にして地味な人間であるのに対し、2代目や3代目は全然違う。派手なことを好み、財を蕩尽《とうじん》し、手柄の欲しさに華やかな事業に手を出し失敗、家業や企業を潰してしまう。だから家を売ることになる3代目は、「売り家」という貼り紙をつくる時、優雅にして華やかな唐様の書跡で書くのである。

このように、2代目や3代目が受け継いだのが一つの家業や企業程度であれば、彼らの手で潰されるのはせいぜい一軒の家、あるいは一個の企業に過ぎない。しかし、不幸にも一国の主人、あるいは中国という「天下」を治める皇帝様が「好大喜功」の2代目・3代目である場合、これで潰れるのは天下国家、国や王朝のすべてである。もちろん、国や王朝の崩壊に伴って戦乱や動乱に巻き込まれ、大変な被害を受けるのは一般の民衆だから、古今東西問わず「好大喜功」の国王や皇帝など、天下万民にとって迷惑者以外の何ものでもない。

そして中国の長い歴史の中でも、隋の煬帝こそ、5本の指に入る「好大喜功」の皇帝の一人だった。だからこそ隋王朝は創建後わずか37年にして滅亡したのだ。

〝ドラ息子〟を後継者に決めた隋文帝の一生の不覚

では、王朝を創建した初代皇帝、隋文帝の事績から、王朝崩壊への道のりを見てみよう。

中国では後漢王朝の終焉後、370年にもわたる「魏晋《ぎしん》南北朝」の天下分裂の時代が続いた。特に南北朝時代、中国の北部と南部でそれぞれの王朝が並立して互いに対峙し、時には戦いが起こった。このような分裂と天下大乱の時代が長く続く中、南北朝王朝の一つである北周では、外戚《がいせき》の楊堅《ようけん》が北周皇帝から「禅譲」を受け皇帝として即位し、自前の王朝の隋王朝を創建する。581年のことだった。そして589年、隋文帝となった楊堅は兵を起こして南朝の陳《ちん》を滅ぼし、数百年ぶりの天下統一を果たした。

隋王朝創建の直後から、文帝は天下統一の準備を進める一方、内政上の制度の創設と整備にも力を入れた。彼は即位の年にさっそく「開皇律令」という名の律令制度を制定し、その骨格が後世の中国歴代王朝に受け継がれただけでなく、日本にも伝来して移植されたのは周知のことである。また、文帝は官僚選抜のための科挙制度を創設したが、清朝末期の1905年までに千数百年間、中国歴代王朝の官僚選抜制度の基本となった。そういう意味では隋文帝は、中国史上に大きな業績を残した偉大なる皇帝の一人だろう。

隋文帝の楊堅は、あたかもその下の名前の如く、大変堅実な皇帝として知られる。彼は幼少の時から仏教に親しみ、皇帝になっても仏教への厚い信仰心から「海西の菩《ぼ》薩《さつ》天子」と呼ばれた。そして日常生活の上でも仏教信仰者らしく、質素と倹約に徹し、派手なことを好まなかった。

文帝は一度、後に2代目皇帝となった息子の楊広《ようこう》（煬帝）の邸宅を皇后と一緒に訪れたことがある。その時、楊広は父皇の歓心を買うために、わざと老婦醜女に粗末な衣服を着せて給仕に出し、カーテンや敷物も模様のない単色の生地物に変えたという「逸話」が残っている。ずる賢い楊広は父親の質素好き・倹約好きをよく知っているから、そう演じて見せたのだろう。

政治の面でも文帝は手堅い国家運営を地道に行っており、在位の23年間、隋王朝の内政はかなり安定し、国力が大変充実した。その時、天下の戸数は890万7000戸以上、人口は4602万人近くあった。これは漢王朝時代の全盛期に迫るほどの数字である。

また、宮崎市定氏は名著『隋の煬帝』で、文帝の政策は、何よりも人民に休息を与えることにあったとしている。民間を騒がすような大工事はなるべく控えておく方針だったから、文帝の治世の末期には「莫大な黒字財政の剰余積立てがあり、銭穀珍宝が倉庫に充満していたのである」という。

言ってみれば文帝は、盤石な国家制度と充実した国力をつくり上げて次世代に残したわけだが、残念ながら2代目皇帝、煬帝の在位14年間で台なしにされ、王朝は滅亡を迎える。楊広のようなしょうもないドラ息子を2代目皇帝にしたツケはあまりにも大きかったのだ。

しかし本来、次男坊の楊広が皇帝になるチャンスはほとんどなかった。実際に文帝は長男の楊勇《ようゆう》に皇位を継がせるつもりでいた。文帝が北周で権力を掌握し、王朝交代の革命を企んだとき、すでに成人した楊勇は父親を助けて多くの重要な仕事をこなしていた。文帝は隋王朝を創建したと同時に、この頼もしい長男を皇太子に立てたので、誰もが楊勇こそは次期皇帝であろうと思っていた。

楊勇は学問好きで温厚な性格、政治のことも熟知し、文帝にとっては理想的な後継者のはずだったが、贅沢が好きである点は質素志向の文帝にとって気がかりの一つであった。また、好色な楊勇は正妻以外にも数多くの妾《めかけ》を有し、母親の独孤皇后《どっここうごう》の嫌うところとなった。

独孤皇后は大変嫉妬深い女性で、夫の文帝の女性関係にもとても神経質だったことで有名である。文帝は皇帝になる前でも大変な権力者だったが、妾を持つことすら許されなかった。こういう独孤皇后の目から見れば、息子の楊勇があれほど多くの妾を持っていること自体が不愉快以外の何ものでもない。

その一方、楊勇の正妻の皇太子妃は独狐皇后の手によって楊勇に押しつけられた女性だったため、むしろ楊勇は妾たちのほうを寵愛し、皇太子妃を冷遇した。そんな彼の態度は、独狐皇后の嫌悪感をさらに増幅させることになった。

楊勇と独狐皇后の関係はますます冷え込み、対立は深まる一方だった。

恐妻家の文帝に対して多くの発言権を持つ独狐皇后は、楊勇を廃して別の息子を皇太子に立てることを決め、開国以来の重臣である楊素《ようそ》という人物と共謀し、さまざまな工作を行った。

母と兄の軋轢《あつれき》が顕在化する中、機敏な次男の楊広は、それこそ好機到来だと思い、楊勇にとって代わって次期皇帝になろうと企んだ。そのためには彼は、贅沢嫌いの文帝と「妾嫌い」の独狐皇后に取り入るため、徹底的な偽善工作を行った。文帝に対して楊広は質素志向の慎み深い倹約生活を演じ、独狐皇后に対しては自分たち夫婦が大変仲睦《むつ》まじい関係であることを演じて見せた。文帝と皇后が自分の邸宅を訪れた際、楊広夫婦は徹底した質素生活の偽装工作を行ったが、次期皇位を狙った楊広の情報操作の一つでもあった。

結果的に、楊広《ようこう》の工作が功を奏した。600年、文帝は楊勇を皇太子位から廃して庶人にさせたと同時に、次男の楊広を太子に立てた。そして4年後の604年、文帝が死去、楊広が皇位についた。中国史上、悪名高い隋煬帝《ようだい》の誕生である。

しかし『隋史・后妃傳』には、文帝の最期に関して次のような恐ろしい話が記載されている。

文帝が重病で病床に臥していたとき、皇太子の楊広は宮中に入って父親の看病に務めた。

ある日、楊広は文帝の一番寵愛している陳夫人の部屋に入り、無礼を働こうとした。そこから必死に逃げ出した陳夫人が楊広の所業を病床の文帝に告げると、激怒した文帝は側近を呼び「わが子をここに連れてこい」と命じた。側近は皇太子・楊広のことかと思ったが、文帝の「わが子」とは、ほかならぬ廃太子の楊勇のことだった。

側近は命令を聞いて早速、廃太子を宮中に呼び寄せる詔書を作成しようとしたところ、重臣の楊素はそれを聞きつけ楊広に報告。それからの楊広の行動は実に素早いものだった。彼は皇太子直属の護衛兵を遣わして宮中を制圧し、文帝の側近たちを拘束する。さらに文帝の病室から近侍や宮女らを一人残さずに追い出して周辺を完全に封鎖してから、側近の張衡《ちょうこう》に命じて文帝への凶行を実行したという。

同じ『隋史』の「文帝本記」では、文帝の死に関する記述は「凶行説」とまったく違っており、本当の話であるかどうかは定かではない。しかし皇帝になってからの楊広の行状を見ると、それは実際にあってもおかしくない話だとも思われる。

そしてこれが事実なら、死ぬ直前に長男の扶蘇《ふそ》を呼び、天下を託そうとした秦の始皇帝と同様、文帝も死の床で、後継者選びでの自分の過ちを悟ってそれを正そうとしたのではないか。だが、時すでに遅し。結果的には、隋文帝が楊広を後継者に決めたことは一生の不覚であり、王朝崩壊のタネを撒いた格好になったのである。

本性剝き出しの煬帝、本領を発揮

「父殺し」があったかどうかは別として、とにかく文帝の死後、楊広は2代目皇帝となった。そして母親の独狐皇后もその1年前に死去しており、新皇帝の楊広にとって怖い存在はもはや何一つない。当然、質素・倹約を偽装する必要性などまったくないから、楊広はいきなり本性を剝《む》き出しにし、それから14年間にわたる在位中、「好大《こうだい》喜功《きこう》」政治をやりたい放題行った。

即位の翌年、廃太子・楊勇を含めた以前の政敵に対する粛清や反乱に対する鎮圧を行い政権の基盤を固めた煬帝は、早速、初めての巨大プロジェクトに着手した。彼は文帝のつくった首都の大興城《だいこうじょう》から洛陽に行幸し、そこで新洛陽城の造営を命じる詔を下した。

この新洛陽城の造営について、中国史家の平田陽一郎氏は『隋──「流星王朝」の光芒』（中公新書／2023年）で詳述しているが、その記述をもとに煬帝にとって初めての「偉業」の実態を見てみよう。

造営は大業《たいぎょう》元年（605）3月から始まり、翌年の正月にはひとまず竣工できたが、その間の10カ月、毎月200万人の民衆が労働力として動員されたという。

新洛陽城の造営は、煬帝の好みを反映して贅を尽くしたものだった。例えば、宮殿の中の観文殿《かんぶんでん》の前には、皇帝専用の巨大な書斎がつくられたのだが、調度の贅沢さはもとより、書斎の扉は足元のボタン一つで開く自動ドアになっており、扉が開閉するたびに、それを飾る仙人の人形が上下に動くカラクリまで工夫されていたという。

新洛陽城の北に山並みが迫っており、スペースが足りなかったため、城西に周回数百里に及ぶ「西苑《せいえん》」が開かれ、その南側に離宮として顕仁宮《けんじんきゅう》が建てられた。西苑や顕仁宮には、煬帝お気に入りの貴妃の邸宅が並び、珍しい鳥獣や草木で満たされた。しかし冬の洛陽は寒くて草花がすぐに枯れてしまう。そこで、色とりどりの絹でつくった造花を飾り、常春《とこはる》を演出したのである。

さらに、新洛陽城造営の「付帯工事」の一つとして、煬帝は新首都の周辺を大きく取り巻く延々1000キロにもわたる塹壕を掘らせた。

このようにして、新首都の造営一つにおいても、大きいものが好き、あふれんばかりの贅沢が好き、そして新奇なものが好きという煬帝の好みが強く反映されていた。だが、煬帝の趣味のために、200万人の民衆が酷使され、国庫金が湯水のように費やされたのだ。

新首都の造営と同時に煬帝が始めたもう一つの世紀の大プロジェクトが、中国史上有名な大運河の開削である。

隋文帝の時代、人口が増えて食糧の需要が急増した首都の大興城に食糧などの物資を運搬するため、大興城と黄河をつなぐ広通渠《こうつうきょ》と、淮水《わいすい》と揚子江を結ぶ山陽瀆《さんようとく》という2つの運河の開削を行った。しかし、それは限定された規模の工事であり、動員された民衆の人数は10万人程度だった。

しかし煬帝がやろうとしていたのは、文帝の運河工事の規模をはるかに超えた超巨大プロジェクトだった。彼はまず、文帝の山陽瀆を長く伸ばす形で、通済渠《つうさいきょ》という新しい運河を開削させ、揚子江デルタと黄河をつなげた。これによって、中国の西北地域にある大興城と、今の杭州周辺の揚子江デルタ地帯を結ぶ中国大陸横断の画期的な大水路が整備されたのだ。

そしてそれが完成したあと、煬帝はさらに、新首都の洛陽から現在の北京へと伸びる「永済渠《えいさいきょ》」というもう1本の長距離運河をつくらせた。この両方を合わせて、今は「京杭大運河」と呼ばれる2500キロに及ぶ大運河ができたが、この骨格をつくったのが煬帝である。大運河は近代に至るまで、中国水運の大動脈として機能した。

この点からすれば、煬帝の歴史的業績は当然肯定すべきだ。煬帝の「好大喜功」が良い結果をもたらした面もあるが、問題は、新首都造営と同時に始まった煬帝の大運河開削事業は人民にあまりにも大きな負担と犠牲を強いた点である。

これに関しては、宮崎市定氏が前掲書で次のように記している。

「東京を営建するには延べ丁夫《ていふ》二百万人、同年、通済渠《つうさいきょ》を開くには百余万人を徴発し、永済渠を通ずる時には河北地方の人民を用い、延べ百余万人に上ったが、男子だけでは足りずに婦人までを徴発するに至った。婦人を労役《ろうえき》に駆り出すのは、歴史上にかつて見ざる暴政といわれた。多数の人夫を集めて役使するだけに、健康管理も行きとどかず、食料も不足がちな上に、使い方だけは荒くて上官が威張っているので、役夫は飢餓や疫病のためにばたばたと倒れる。死体を車にのせては棄てに行くものが道路にひきもきらなかった。およそ徴発されたら最後で、二人に一人は帰ってこられなかったという」

宮崎氏の記述を見ても、隋王朝の人民が煬帝の大プロジェクトのためにどれほどの犠牲と苦しみを強いられたのかがよく分かる。前述のように、煬帝が文帝から天下を受け継いだ時、王朝統治下の人民の数は４６００万人程度だったが、新首都造営と大運河開削のために延べ４００万人以上の人々が徴役され、その半分程度が帰らぬ人となった。これが莫大な労働力の損失と生産性の低下をもたらし、農業経済に深刻な打撃を与えたことは言うまでもない。

もう一つの問題は、煬帝が民衆に強いた負担が大運河の開削だけにとどまらなかった点である。これに関して、宮崎氏の前掲書に詳しい記述があるので引用してみよう。

「この運河が開通したとき、煬帝は数千艘の遊覧船に数千艘の護衛艦をひきつれて、洛陽近くの顕仁宮から江都まで、大デモンストレーションを行なった。船に乗るのは、後宮・王族の男女、僧尼、道士、異国商人およびその携行品で、船を曳くには軍人八万余人当たり、そのうち将校は錦の上衣を着るが、九千余人いた。護衛艦には近衛兵の十二大隊が乗り、これは兵士が代る代る曳く。ほかに騎兵が両岸に並んで警固しながら進む。この船列の長さは約九十キロと称された。帰り道にあたる地方官はこれだけの人数に食料を供給することを命ぜられる。それも量が足りなかったり、粗末だったりすると、きびしく処罰されるから、水陸の珍味を取り揃えて出さなければならない。後宮の美人たちは食が細いので、余りがでる。それを棄てると叱られるので、穴を掘って埋めては立ち去ったという。そのすぐそばでは人民が、飢餓に迫られて痩せ細っているのに、これはまったくもったいない話だ。

この大行列はまことに歴史始まって以来の壮観であった。そしてこれだけの行列をひきつれて歩いたら、当の煬帝は愉快でたまらなかったに違いない。お伴《とも》の中では高位高官や、上級の将校連は、多少はそのおこぼれにあずかるから、これもいいリクリエーションになったであろう。助からないのは下級の軍人や、徴発された軍夫である。

おそらく食物も足らず、時間も足らず、腹を減らしながら奔命《ほんめい》に疲れはてたことであろう。しかしいっそう助からないのは、これらの費用や労力を最後的に負担させられる一般人民である。しかも、この大行幸は一度や二度ではすまなかったのだからなおさらである」

以上、煬帝《ようだい》の運河大行幸に関する宮崎氏の記述を長々と引用したが、そこで描かれる光景は、煬帝の「好大喜功《こうだいきこう》」ぶりを示す「面目躍如」と言える。

中国の皇帝である以上、世紀の大事業を成し遂げたところで、数十隻、あるいは数百隻の遊覧船を引き連れて運河開通のデモンストレーションを行うのであれば、われわれの理解できる範囲内ともいえる。

しかし煬帝は、自らの皇帝としての権威を示し、あるいは皇帝自身の虚栄心を満足させるため、数千隻の遊覧船と数千隻の護衛船からなる90キロほどの船列を組んだのだ。明らかに過剰な演出であり、同時代の人々の度肝《どぎも》を抜くほどのど派手な〝興行〟だっただろう。

煬帝はこのような「歴史が始まって以来の壮観」を好み、途方もない「でかい」ものを好み、それを演出して見せる中で皇帝としての愉快感、満足感を味わうことが三度の飯よりも好きなのだった。まさに煬帝という皇帝の〝性《さが》〟であり、権力者としての彼の異常性を示してもいる。

自身の享楽のためには、多大な人力の浪費や国費の蕩尽《とうじん》もいっさい辞さない。しかも、人民からすると大災難のような大行幸を、一度だけでなく、二度も三度も繰り返したのだ。こうした中で散々苦しんだ民衆の不平不満が高まるのは必然である。そして宮崎氏が指摘するように、政権を支える多くの下級軍人や軍夫も皇帝に対する不満分子と化していった。こうした行いが隋王朝の統治基盤を日々侵食し、大反乱発生の火種を撒いていったのだった。

その結末は、後述の内乱の広がりと、それを背景にした軍の反乱の発生だが、煬帝自身は最後、近衛軍の反乱で命を落とし、隋王朝も滅亡した。すべては「好大喜功」のバカ皇帝の自業自得なのだ。

皇帝の功名心から始まった「高句麗征伐戦争」

「好大喜功」の隋煬帝の「好大」の部分を取り上げてきた。

新首都の造営にしても、大運河の開削にしても、数千隻の遊覧船を運河に浮かべる華やかな大巡行にしても、とにかく巨大なプロジェクトや壮麗・壮観なものを好むのが煬帝という皇帝の性分だと見られる。しかしその一方で、彼は自己顕示のために世の中をあっと言わせるような大きな業績・手柄を立てて見せることにも余念はなかった。「喜功」の一面である。

大運河の開削が一段落した後、煬帝が「喜功」のために国力をあげて起こした大行動は、3回にわたる「高句麗征伐戦争」の遂行である。

当時の高句麗は、今の朝鮮半島の北部と中国東北地方の一部を領土に持つ韓民族の国家だ。朝鮮半島の南部には同時に百済《くだら》と新羅《しらぎ》という2カ国が存続しており、朝鮮史上でいう三国時代である。

隋王朝が成立するまでに、高句麗は南朝の陳《ちん》に朝貢して良い関係を保っていた。隋が中国北部で建国されると、高句麗は保険として隋への朝貢外交も始めた。しかし隋が陳朝を滅ぼし全国統一を果たすと状況が一変した。中国大陸における統一大帝国の誕生は、高句麗にとって大いなる地政学上の脅威となったからである。以来、高句麗は隋の動きを警戒しながら軍備の増強や国境の警備強化に力を注ぐことになったが、この動きが隋に察知された。隋文帝は大いに怒り、高句麗に真意を質《ただ》す書簡を送った。

そこから高句麗と隋との関係はかなり険悪になり、ついには高句麗が出兵して隋王朝の国境内に侵入するような事態になった。そこで隋文帝は30万人の大軍を派遣し高句麗征伐を行ったが、高句麗の強い抵抗にあって失敗に終わった。

隋煬帝《ようだい》の時代になると、高句麗は再び中華朝廷にとっての問題児となった。その起因は朝貢問題にあった。「好大喜功」の煬帝にとって、周辺の「蛮夷《ばんい》の国」の王たちが頭を下げ朝貢するのは大変な楽しみの一つだったが、朝鮮半島の百済や新羅はもとより、日本からもはるばる使節がやってきていた。いわば「万国来朝」が演出され、隋煬帝を大いに喜ばせた。

もとより日本の場合、聖徳太子の手による「日出処《ひいづるところ》の天子」の書き出しから始まる国書の内容は、日本の事実上の「独立宣言」であり、中国皇帝を怒らせるのに十分だった。しかし、それでも隋煬帝の目には、日本を含めた周辺諸国からの使節到来がすべて自分に対する「朝貢」として映り、彼を大いに満足させた。

しかしその中で、高句麗だけは煬帝に朝貢使節を送らず、むしろ国境を固く閉じて隋王朝を敬遠する態度をとった。つい最近まで隋王朝からの大挙侵攻を受けた国として、高句麗がこのような姿勢を取るのは当然といえば当然のことだが、それが結果的に煬帝を激怒させた。中国皇帝の彼からすれば、高句麗の態度は絶対に許せない。そして、まさにこれだけの理由で文帝の時以上の規模による高句麗征伐を決意した。しかも文帝の時とは違い、煬帝は自ら大軍を率いて、いわば「親征」を行おうとしたのだ。

大業《たいぎょう》7年（611）2月、煬帝は大運河を使って今の北京が位置する涿郡《たくぐん》に赴き、高句麗に近いこの地方で戦争の準備にとりかかった。

準備が整えられたのは11カ月後の大業8年（612）1月のこと。その時、涿郡に集結した隋軍の兵力は約113万人、輸送を担当する非戦闘員はその2倍程度。まさに国を挙げての皇帝親征である。

しかしどう考えても、煬帝によるこの巨大規模の高句麗征伐は、全く自己勝手なものであり、あまりにも大袈裟なものだった。父親の文帝による高句麗征伐は、高句麗の方が先に隋王朝の領内に侵入してきたのだから仕方のない面もあった。一方、煬帝の親征の場合、高句麗がそれほどの挑発行為に出たわけでもなく、単に国境を閉じて隋王朝の交渉を絶っただけの話である。

煬帝は、ただそれだけのことで戦争を決意したわけだが、そのために辺境の涿郡に自ら赴き、1年かけて戦争の準備を整え、兵士を含めて数百万人を動員して国を挙げての大戦争を発動したのだ。もはや狂気の沙汰というしかない。

これに関して、前出の中国史家・平田陽一郎氏は前掲書で、煬帝の発動した高句麗征伐は「高句麗の殲滅《せんめつ》・領土の拡大が目的ではない」と指摘し、「高句麗の遠征は、まずは煬帝の心情、なんとか武帝を越えたいという願望によって引き起こされたのではないか」と分析しているが、それはかなり正鵠《せいこく》を射た高論だと思う。

平田氏の言う「武帝」とは、要するに前漢王朝の武帝のことだ。紀元前2世紀末、武帝は衛氏《えいし》朝鮮を攻め滅ぼし、その故地に4つの郡を設置し、朝鮮半島の大半を支配下に置くことに成功した。だがその後、このような「偉業」を達成した中華皇帝は一人もいない。

だから煬帝は、高句麗に無視され、プライドを傷つけられたこともあり、一念発起し高句麗征伐を決意した。あの偉大なる漢武帝さえ超えるほどの偉業を自分の手で成し遂げてみせようとしたわけだが、まさに究極の「好大喜功」そのものだろう。

しかし、煬帝が国力の限りを尽くして発動した高句麗征伐は惨敗に終わった。隋軍惨敗の過程を詳しく記すための紙幅は本書にはないが、とにかく高句麗軍の強い抵抗にあい、さらに詐術《さじゅつ》にも嵌《は》められ、隋軍は総崩れになり武器や物資も全て放棄して大敗退した。実際に侵攻に出た30万人以上の大軍のうち、前線基地の遼東城《りょうとうじょう》に生還できたのはわずか２７００人程度にすぎなかった。

この敗戦は、隋王朝と煬帝の両方にとって大損であったことは言うまでもない。王朝にとっての損失は大量の武器や物資の損耗《そんもう》だけではない。本来ならば労働力となるべき数十万人の青壮年兵士を失ったことは、国を支える農業経済への大打撃となっただろう。

その一方、煬帝が失ったのは「皇帝としてのメンツ」と「軍民の皇帝に対する信頼感」である。

煬帝が親征せず、将軍の誰かを総司令官に立てて征伐を行っていれば、たとえそれが失敗に終わったとしても、責任を総司令官に押し付けることで皇帝自身の名誉とメンツを保つことができたはずだ。しかし、煬帝は手柄を自分のものにするために親征を敢行し、皇帝でありながら自ら征伐の指揮を取った。それでは失敗の責任を誰かに押し付けることもできない。

征伐の失敗は皇帝自身の失敗となった。煬帝の「喜功」は結局裏目に出て、皇帝としての彼自身の立場を大きく傷つけることになった。

対外戦争の失敗が王朝の命取りに

しかし、煬帝は高句麗遠征の失敗で引き下がることはできなかった。自分の名誉とメンツのために、どうしても巻き返しを図らなければならない。大敗退からわずか1年後の大業《たいぎょう》9年（613）1月、煬帝の命令により大軍は再び涿郡に集結し、2回目の高句麗征伐が発動された。自分の名誉やメンツのために、人民がどれほど苦しんでも、国庫がどれほど蕩尽《とうじん》されても、煬帝は一向に構わない。何よりも大事なのは、自分自身のメンツだったのだ。

2回目の隋軍の征伐は、高句麗軍に占領された遼東城への総攻撃から開始された。しかし高句麗軍の激しい抵抗にあい、なかなか落城できなかった。戦況が膠着《こうちゃく》しているところ、隋軍の後方でとんでもない大事件が起きた。

隋文帝治世の晩期、後の煬帝である楊広が次期皇帝の座を狙って工作を行ったのは前述の通りであるが、その時、彼を大いに助けたのが重臣楊素《ようそ》である。そして煬帝の時代になると、楊素の嫡男である楊玄感《ようげんかん》も重臣の一人だった。煬帝が高句麗征伐を行った時、後方で軍需物資の調達と前線への輸送を担当していた。そんな楊玄感が、煬帝の暴政から万民を救うとの大義名分を掲げ挙兵し、反乱を起こしたのだ。

楊玄感の反乱で、煬帝は高句麗征伐を直ちに中断する。軍を率いて引き返し、早速反乱軍の鎮圧に当たった。鎮圧自体はうまく遂行され、楊玄感の乱は2カ月で収束したのだが、実は後に全国に広がる大反乱の始まりであり、隋王朝の崩壊自体は楊玄感の反乱から始まったと言っても過言ではない。

そんな状況でも、煬帝は高句麗への征伐を諦めなかった。大業10年3月、煬帝は再び涿郡に赴き、兵を招集した。そしてこの年の7月、彼の命により3回目の高句麗征伐が発動された。

しかし、さすがに隋軍の士気は全く上がらなかった。涿郡に兵を集める段階でも、集結を命じられた兵士たちが各地で反乱を起こすようなことがすでに起きていたが、その後、高句麗の征伐へ赴く途中でも、皇帝の率いる軍からの逃亡・離脱が絶えなかった。要するに隋軍は全く戦える状況にはなかったのだ。

その一方、高句麗軍は、それまでの2回の征伐に対する抗戦でかなり疲弊《ひへい》し、隋との戦争をこれ以上長引かせたくはなかった。前線での隋軍の窮状を察知した高句麗軍は、「降伏」と称して煬帝に停戦交渉を持ち込んだ。「降伏」の意思を示すための〝お土産〟も用意した。

2回目の征伐の時、隋王朝の兵部侍郎《へいぶじろう》、すなわち国防副大臣の斛斯政《こくしせい》という人物が煬帝に随行していたが、この人物は実は先述の楊玄感とは大変に懇意な仲だった。楊玄感が反乱を起こすと、自分が煬帝に追及されるのではないかと危惧《きぐ》し、高句麗の方に寝返ってしまった。

高句麗が煬帝との停戦交渉のために持っていった〝お土産〟とは斛斯政だった。その際、高句麗は中国皇帝の習性がよく分かっていたので、決して「停戦交渉」とは言わなかった。あくまでも「降伏」だと伝えた。

しかしそのお陰で、最初から勝ち目のない戦だとわかっていた煬帝からすると、メンツを保ちながら兵を撤退する「理由」ができる。それどころか、高句麗が「降伏」の印として送還してきた斛斯政を手に入れたことで、煬帝は「勝利」と称することさえできた。

そこで煬帝は高句麗の「降伏」を快く受け入れ、隋軍に撤退の命令を下した。膨大な軍需物資と、つくった陣地をすべて放棄しての退却だが、煬帝が持ち帰った唯一の「戦利品」は斛斯政というかつての臣下だった。もちろん、帰還してから煬帝は、朝廷の臣下全員を集め、みなの前で斛斯政を斬り、自らの親伐の「勝利」を高らかに宣言した。

ここまでくると、煬帝のすることはもはや滑稽《こっけい》の境地に達しており、哀れに思うほかない。考えてみれば、このような結末を迎えた煬帝の高句麗征伐戦争は結局、バカ2代目皇帝の大きな遊びとしての「戦争ごっこ」に過ぎなかったのだ。

だが、煬帝の単なる遊びのために、何十万人の兵士が命を失い、全国の人民が疲弊し切ってしまった。その結果、煬帝と彼の王朝に対する人民の憤懣《ふんまん》と怨念《おんねん》が渦を巻き、動乱発生の気運が高まっていった。

その一方、3回の大規模な征伐戦争の遂行とその敗戦の結果、隋王朝が多くの兵力と財力を失って統治能力が著しく低下し、王朝の政治的権威は地に落ちた。こうした中で、隋王朝の崩壊を予感した各地の軍閥勢力が虎視眈々《こしたんたん》と反旗を翻《ひるがえ》す時機をうかがっていた。その時、以前から隋帝国に服従していた北方民族の突厥《とっけつ》人が隋王朝の衰退を中原進出の好機と見て侵入を開始した。煬帝は軍を率いて撃退に向かったところ、逆に突厥軍に破れて洛陽に逃げ帰った。

そしてこの敗戦が誘因となり、中原地域とその周辺で豪族や軍閥勢力が一斉に反乱を起こし、中国大陸は一気に天下大乱の内戦状態に突入した。反乱軍の中には、後に隋の大興城《だいこうじょう》を奪い、それを本拠地に「唐」という新王朝を創建した李淵《りえん》がいた。

最後は現実逃避の享楽生活に溺れる

中原地域が天下大乱に陥ると、煬帝《ようだい》は近衛軍や親族、嬪妃らを率いて、大運河を使って南方の江南地域に逃げ込み、以前から宮殿のある江都に引き篭もった。そこで彼は、自分の王朝が音を立てて崩れていくのを横目に、毎日のように嬪妃や側近たちを相手に大宴会を開き、現実逃避の享楽生活を送った。

しかし、大業《たいぎょう》14年（618）4月、近衛軍の反乱によって煬帝はその息子や親族たちとともに殺され、隋王朝は事実上滅亡した。煬帝による3回目の高句麗征伐からわずか4年後のことである。

このような経緯で煬帝は、父親の創建した王朝を受け継いでからわずか14年で潰したわけだ。こうなったことの最大の理由は本章が詳述した煬帝の「好大喜功《こうだいきこう》」にあっただろう。もし父親譲りの堅実にして控えめの人間だったら、また、あるいは煬帝ではなく、より温厚な性格の兄の楊勇《ようゆう》が当初の予定どおり2代目皇帝になっていれば、隋王朝は少なくとも34年の短い命で滅亡することはなかっただろう。

しかし実際、煬帝が2代目皇帝となった歴史を覆すことはできない。隋王朝はそういう意味では、まさに2代目で潰れるべくして潰れたのだ。「好大喜功」の煬帝は結局、息子たちとともに惨殺される運命にあったのである。

実はこの煬帝の死から1400年以上が経った今、現代の中国には、煬帝というバカ2代目皇帝とそっくりそのままの「新皇帝」が現れた。現在の中国国家主席の習近平である。習近平は本来、中国のトップになれない状況にあったが、棚から牡丹餅《ぼたもち》でチャンスをつかみ、さらに独裁者として「新皇帝」になった。

そして習近平新皇帝と彼の政治の特質の一つは、煬帝顔負けの「好大喜功」である。かつての煬帝と同様、習近平は「好大喜功」の本領を発揮し、共産党の「赤い王朝」を潰している真っ最中なのだ。習近平の「好大喜功」については、後に詳述する。

4章

〝暗君〟明の崇禎帝

「度量の欠如」と「卑怯」で粛清の鬼と化した

本章では中国歴史上もっとも有名な亡国の君の一人、明《みん》王朝最後の皇帝、崇禎帝《すうていてい》（1611～1644年）を紹介しよう。

崇禎帝は1627年10月、兄である天啓帝の急死により、弱冠18歳の若さで皇位を継いだ。以来およそ17年間、この若き皇帝は末期症状の明王朝を滅亡の運命から救い出すため、悪闘苦戦の日々を送った。

だが結果的に、彼の奮闘の甲斐なく、明王朝は亡国の時を迎える。1644年4月25日、李自成《りじせい》の率いる農民反乱軍が北京城を破って帝宮に攻め込み、崇禎帝は宮殿の裏山で首吊り自殺。帝国の崩壊を目前に見届けながら、短い生涯を自らの手で閉じた。

荒唐無稽な先君たちの後を継いだ〝好青年〟皇帝

崇禎帝は漢民族の最後の皇帝となったが、中国史上多くの「亡国の君」に比べると、崇禎帝は模範的な「好皇帝」であり、決して国を滅ぼすような愚昧《ぐまい》な暗君ではなかった。

崇禎帝は明王朝の歴代皇帝としては珍しく、勉強好きとして知られる。彼は少年時代から『史記』や『資治通鑑《しじつがん》』などの歴史書を愛読し、『貞観政要《じょうがんせいよう》』や『帝鑑図説』など、帝王学の「教科書」も熟読したという。そして皇帝になってから、崇禎帝は17年間にわたって「日講」という皇帝専用の帝王学の授業を受けた。

内閣大学士など朝野きっての学者を講師に招き、自分のために儒教の古典や王朝の開国皇帝の残した「祖訓」などに関する講釈を行わせた。皇帝として多忙を極めた中でも、重要行事のない平日には「日講」はほぼ毎日続けており、崇禎帝の向学心の高さがよく分かる。

また、崇禎帝は享楽からも距離を置き、節約に励んだ。彼は皇帝になると「減膳撤《げんぜんてつ》楽《がく》」という皇帝令を出した。宮中の伝統の娯楽活動や祭りが廃止され、食費の削減まで力行された。時には彼自身、皇帝の身でありながら布の服を身につけ、肉食も断つという過度な倹約ぶりを見せることもあった。やりすぎて、逆に「そこまで倹約したら皇帝の威厳を損なう恐れがある」と大臣たちから諫《いさ》められたりもした。

その一方、崇禎帝は明王朝の歴代皇帝の中でも、開国皇帝の朱元璋《しゅげんしょう》にも負けないくらいの勤勉さで知られ、在位の17年間、まさに粉骨砕身して皇帝の職務に励んだ。

彼は皇帝としてどれほど勤勉だったのか。それを示すようなエピソードが史書に残っている。崇禎14年(1641)のある日、崇禎帝は宮中のしきたりで劉大妃のところに謁見しにいったが、大妃と雑談しているうち、睡眠不足で疲れ切った30代の皇帝はそのまま居眠りしてしまった。目覚めた後、皇帝は「朕は実は連続二昼夜、大臣たちからの上奏書を読み続け一睡もできなかった」と釈明して自らの無礼を謝ったが、それを聞いた大妃は心を痛めてその場で涙を流したという。

このような崇禎帝と比べれば、彼の先代、あるいは先先代の皇帝たちの堕落ぶりは尋常ではない。崇禎帝の父親である泰昌帝《たいしょうてい》は即位して1カ月足らずで死んだため、「一代の皇帝」に数えなくてもいいが、崇禎帝の祖父に当たる万暦帝《ばんれきてい》は明王朝の歴史だけでなく、中国の王朝史上においても荒唐無稽《こうとうむけい》な愚君の一人に数えられる。

明王朝14代皇帝の万暦帝が皇位についたのは10歳の時である。最初の10年間は、明王朝切っての名臣、張居正《ちょうきょせい》が辣腕《らつわん》を揮《ふる》い政権運営を切り盛りしたため、王朝の政治と経済は大変安定し、万暦帝はなんの心配もなく宮中で成長した。

張居正は朝政を一手で牛耳る一方、厳格な師として万暦帝の教育係も務めた。万暦帝にとっては臣下というよりも怖い父親のような存在、日本で言えばまさに「カミナリ親父」そのものだった。

こうした中で万暦帝は一見、張居正の理想とするような生真面目で慎ましい青年皇帝として成長した。しかし万暦帝が20歳の時、張居正は病死してしまった。これでタガが外れた万暦帝は、10年間も強面《こわもて》の権臣によって押さえつけられていたことへの反動もあり、やりたい放題のわがまま天子に変身し、放蕩と堕落の人生を始めた。

万暦帝は贅沢と享楽に走る一方、皇帝でありながら自らの蓄財にも励み、宦官《かんがん》を徴税官として全国に遣わし、民衆に対して搾取《さくしゅ》の限りを尽くした。

万暦帝と朝臣たちとの対立が生じ、それは深まる一方だったが、最後に万暦帝は「朝臣対策」を実施した。それは彼らとの面会拒否と国政放棄である。結果的に彼は、20余年間において一度も朝会に出ず、大臣たちと一度も会わないという、まさに中国の皇帝史上前代未聞の奇行を成し遂げた。

最高権力者の皇帝がこのようなありさまだから、政治は当然乱れて腐敗が蔓延し、明帝国は見る見るうちに衰退と動乱の方向に進んだ。後世の歴史家は「明王朝の崩壊は万暦帝に始まる」と評する人も多いが、それはまさにその通りである。実際、276年の寿命を持つ明王朝が滅んだのは、万暦帝死後からわずか24年後のことだった。

万暦帝の後を継いだのが前述の泰昌帝だが、即位して1カ月足らずに急死したため、歴史に残る業績は何もない。

泰昌帝の後を継いだ天啓帝《てんけいてい》は祖父の万暦帝以上の荒唐無稽な皇帝だった。

天啓帝は1620年10月、弱冠18歳の時に即位し、以来7年間、病死するまで在位していた。しかしこの7年間、彼は皇帝の本務である政治に興味を持ったことは一度もなく、皇帝の職務を果たしたこともほとんどない。後述のように、天啓帝は王朝の政治の全権を乳母の客氏と宦官の魏忠賢《ぎちゅうけん》に託した。帝国の運営と民の生活をこの2人の「極悪人」に委ねる一方、自分はひたすら享楽に耽《ふけ》った。

そして、中国の長い歴史の中でも空前絶後の大珍事だが、この若き皇帝の最大の趣味は実は大工仕事、毎日のように宮中で大工道具を手にし、椅子づくりなどに没頭して夢中になったという。時には宦官を使い、自分のつくった家具を都の市場へ持っていき売らせたこともあった。

このような皇帝だから、宦官の魏忠賢によって政治を壟断《ろうだん》された天啓朝の7年間は明王朝の歴史においてもっとも暗黒の時代となった。そして天啓7年（1627）8月、病死する直前の天啓帝は、息子がいないため弟の朱由検《しゅゆうけん》に皇位を継がせることを決意。その時、彼は後継者の朱由検を病床の前に呼び「堯舜《ぎょうしゅん》のような名君になってくれ」との遺言を残した。

この遺言には、自らの退廃した皇帝ぶりに対する天啓帝の反省と、次期皇帝の弟に対する期待の両方が含まれていたと思われるが、確かに、次期皇帝の朱由検の人なりと品行には、名君となれるような素質が垣間見えたはずだ。そして朱由検は皇帝になってから、まさに名君となる道を目指し、極力、正しい君主として振る舞った。名君たることを志したこの若き皇帝こそ、本章の主人公、崇禎帝である。

冷静沈着な青年皇帝、その宦官殲滅戦の鮮やかさ

崇禎帝が16歳で皇帝になったとき、彼を取り巻く王朝の政治環境は最悪というべきものだった。先代の天啓帝は、精神的に未熟であるがゆえに、子供の時代から馴染《なじ》んでいた乳母の客氏を心の頼りにしたが、この客氏と組んだ宦官の魏忠賢によって朝政は完全に牛耳られていた。新君の崇禎帝が即位した後でも、こうした政治状況は何も変わらない。

魏忠賢は強力な宦官組織と後宮を完全に掌握しているだけでなく、宦官による秘密警察・スパイ機関の錦衣衛《きんいえい》と東廠《とうしょう》を手中に収め、官僚全体に対する生殺与奪《せいさつよだつ》権を一手

に握っていた。その一方、内閣と六部からなる中央政府の要職はほとんど魏忠賢の息のかかった官僚によって占められ、兵部尚書(国防大臣)の崔呈秀《さいていしゅう》という人物が魏忠賢の番犬となって官僚組織を束ねていた。

魏忠賢は、朝政と官僚組織を意のままに操るだけでなく、宮中の皇太后や大妃らを威圧することもでき、その気になれば皇帝の廃立を一存で決めるほどの実力を擁していた。当時の明王朝は朱氏一族の天下というよりも、魏忠賢の天下と言っても過言ではなかった。

従って即位した後の崇禎帝にとって、魏忠賢とその一派にどう対処するのかは政治上の最重要課題であり、死活問題ともなっていた。魏忠賢の権勢をそのまま容認すれば、崇禎帝自身はいつまでたってもお飾りの皇帝に過ぎず、堯舜のような名君になることは永遠にない。しかし逆に、魏忠賢の権威と権力に挑戦状を叩きつけたら、それは直ちに凄《すさ》まじい権力闘争を引き起こし、魏忠賢一派によって皇帝の座から引き下ろされるかもしれないし、場合によっては命さえ危うい。

それでは、どうすればいいのか。実はこの若き皇帝は大変よくやった。即位したその日からは崇禎帝は16歳の青年と思えないほどの思慮深さと慎重さを持って、真綿《まわた》で首をしめていくようなやり方で一歩一歩、魏忠賢とその一派を破滅へと追い詰めていったのだ。

崇禎帝は、追い詰め作戦の第一歩として、自分が皇帝になる前の親王時代に身辺に仕えた宦官たちを大量に皇宮に連れてきて、宦官組織の要所に配属していった。新しい皇帝が自らの信頼する宦官を宮中に入れるのは、しきたりにかなった当たり前のことであり、さすがの魏忠賢もそれを阻止することはできない。

そして崇禎帝の作戦の第2弾は、魏忠賢の同盟者である客氏を礼儀にかなったやり方で宮中から追い出すことだった。亡くなった先帝の乳母が宮中に止まる理由は最初からないから、崇禎帝のこの行動も、魏忠賢らに抵抗されることもなく首尾良く遂行された。

こうした行動をとりながら、崇禎帝は魏忠賢に対してはいつも低い腰で温和な態度で接し、彼と正面衝突するようなことを決してしなかった。その一方、崇禎帝は魏忠賢の甥子である寧国公《ねいこくこう》の魏良卿《ぎりょうけい》に地位の永久保証を示す「丹書鉄券《たんしょてつけん》」を賜り、魏忠賢を安心させておくための工夫を凝らした。

崇禎帝が次に取った大胆な行動は、内廷の経費節約を口実にして「内丁遣散《ないていけんさん》」、すなわち宮中の宦官の大量解雇を敢行したことである。宮中の宦官の大半はそもそも魏忠賢の家来であり、この大量解雇によって魏忠賢傘下の宦官組織と錦衣衛などのスパイ組織が大きく削がれたことは言うまでもない。崇禎帝《すうていてい》はこのように魏忠賢らに対する殲滅《せんめつ》作戦を、少しずつ、しかし確実に進めていったのである。もちろんそうしながらも皇帝は常に、最終標的の魏忠賢に対しては友好的な姿勢を示し、彼を一か八かの暴発に追い込まないよう慎重に物事を進めた。

崇禎帝の次なる標的は、朝廷における魏忠賢の代理人の兵部尚書、崔呈秀《さいていしゅう》である。ちょうどその時、崔呈秀の父親が亡くなり、当時の官僚世界のしきたりに従えば、彼は一時的に官職を辞して故郷に戻り、3年間父親の喪に服さなければならなかった（「丁憂《ていゆう》」という）。しかし崔呈秀は権力の座から降りるのを嫌がり、なかなか丁憂をしてくれない。そこで崇禎帝は、官僚たちの腐敗や過ちを正すことを仕事とする「御史」の何人かを密かに動員し、崔呈秀に対して攻撃を始めた。

いきなりの集中砲撃にあった崔呈秀は止むを得ず、崇禎帝に対して丁憂としての暇を願い出た。実はその時代、皇帝がどうしても大臣の力を必要とし、官職に止まらせようと考えるのなら、丁憂の願い出を拒否することもできる。「奪情《だつじょう》」といい、皇帝の特権である。実は崔呈秀も、崇禎帝による「奪情」を心の中で大いに期待しながら形式上の暇乞いを演出して見せたわけであるが、結果は正反対のものとなった。崇禎帝は彼の「親孝行心」を大いに褒め称えた上で、その「丁憂の願い」をあっさりと聞き入れ許可した。

こうなった以上、「しまった」と思ったところで魏忠賢と崔呈秀はどうすることもできない。結局、崔呈秀は嫌々ながらも職を辞して故郷に帰るほかなかった。魏忠賢はこれで廟堂における最有力幹部を失った。

こうして崇禎帝は、いよいよ矛先を本丸の魏忠賢に向けることとなった。

まず動員されたのは御史たちだ。皇帝の意向を受けた彼らは一斉に魏忠賢に集中砲火を浴びせた。天啓帝在位の7年間、魏忠賢とその一派は悪事の限りを尽くし朝廷内の忠臣たちを容赦なく迫害したことから、彼らに対する義憤と憎しみが朝廷の内外で充満していた。

新しい皇帝が魏忠賢批判を容認しているところなので、魏忠賢に対する朝野の憤懣《ふんまん》は火山のごとく一気に爆発した。御史だけでなく、魏忠賢一派以外の朝臣たちは魏忠賢の罪状を一斉に挙げ、彼に対する糾弾を始めた。

ここまでくると流石《さすが》の魏忠賢も自分たちへの追い詰め作戦の黒幕が、崇禎帝であることに気が付く。しかし自分の有力家来の大半が失脚した今、魏忠賢《ぎちゅうけん》はすでに新皇帝への反撃の最良のタイミングを失っていた。そこで彼は、前述の崔呈秀《さいていしゅう》と同様、崇禎帝が情けをかけてくれることに期待し、形式上の暇乞いを願い出た。しかし、それこそまさに崇禎帝の思うツボ、皇帝はあっさりと彼の暇乞いを許したのだ。

魏忠賢の辞職願を受領したのち、崇禎帝は直ちに自分の腹心の宦官、高時明《こうじめい》を宦官組織のトップ「司礼監掌印太監《しれいかんしょういんたかん》」に任命し、宦官組織全体を掌中に収めた。そしてそのわずか5日後、崇禎帝は上諭を発し、魏忠賢の犯した罪を羅列して徹底的に糾弾した上で、明王朝の祖陵（先祖の墓）のある鳳陽《ほうよう》（今の安徽《あんき》省にある）に行き、祖陵の墓守役を務めることを魏忠賢に命じた。事実上の、京からの永久追放である。

そして魏忠賢が北京から出発して鳳陽に向かったところ、大勢の人々が彼に随行しているとの報告に怒った崇禎帝はスパイ組織の錦衣衛に対し、錦衣衛の元トップである魏忠賢の逮捕を発令した。これで万事休すと観念した魏忠賢は、旅の途中の旅館で首吊り自殺を遂げた。天啓帝時代の7年間、明王朝に君臨し天下一の権勢を誇った男の惨《みじ》めな最期だった。

魏忠賢が自殺したのはこの年の12月11日。崇禎帝即位から、わずか2カ月後のことである。つまり崇禎帝は即位してからごく短期間のうちに、天啓帝時代の7年間で朝政を完全に掌握し、飛ぶ鳥を落とす勢いだった魏忠賢集団を完全崩壊に追い込み、その親玉の魏忠賢を死にまで追いやったのだ。弱冠16歳の青年皇帝にしては、この追い込み作戦の成功はあまりにも鮮やかであり、真綿で強敵の相手の首を絞めるやり方は、実に綿密にして思慮深かった。百戦錬磨のベテラン政治家も顔負けの完璧な作戦遂行である。

そして、この生死をかけた作戦の大成功から崇禎帝という青年皇帝がただ者ではないことが宮中に知れわたったのだろう。計画の綿密さ、決断の迅速さ、行動の果敢さなど、トップに立つための名君の素質は、どうやらこの16歳の青年にはすでに備わっていたようである。

もちろんこの作戦の成功で崇禎帝は長年の魏忠賢による暗黒政治に一気に終止符を打ち、閉塞《へいそく》した明王朝の政治に新しい局面を開いたのと同時に、皇帝としての自らの権威を完全に確立することができた。

魏忠賢の死んだその日に、明王朝では朝野を問わずに皆で歓声をあげた。おそらくその時、英邁なる新しい君主の下で、衰退へと向かう王朝が今の劣勢を挽回し、明るい未来に向かうことを多くの人々が信じて疑わなかったのではないか。

意味のない粛清大拡大と崇禎帝の人間的異常っぷり

しかしその一方、崇禎帝にとって魏忠賢《ぎちゅうけん》を死に追いやるまでの大勝利は単なる緒戦の勝利に過ぎない。彼は魏忠賢の息がかかった人々を朝廷から完全に追い出すための大掃除、すなわち大粛清を決意し、それを一心不乱に、徹底的に実行していった。

魏忠賢の死後、崇禎帝は自ら一度、地位保証の「丹書鉄券」を与えたはずの魏良卿《ぎりょうけい》を処刑し、同時に、魏忠賢の政治的盟友である前述の客氏と、その息子の侯国興《こうこくこう》を殺害、客氏の弟や娘婿も辺境へと追放した。そして魏良卿と侯国興の2人に対しては、本人たちを殺しただけでなく、その親族も赤ちゃんまで含め、処刑の対象にした。

翌年の崇禎元年、崇禎帝は死去した魏忠賢と客氏、そして魏忠賢の死後に自殺した崔呈秀に対し、その死体を「凌遅《りょうち》の刑」に処することを命じた。「凌遅」とは、罪人の肉を少しずつ切り落とし、長時間にわたって激しい苦痛を与えたうえで死に至らしめるという、中国古来独特（朝鮮もだが）の残虐極まりのない刑罰だが、すでに息絶えている死体を「凌遅」するとは前代未聞である。

しかし、これは流石にやり過ぎだ。魏忠賢集団の殲滅という正当な政治目標の達成からかけ離れてしまい、単なる崇禎帝の個人的感情の発散に変化してしまったと見るべきだろう。後述するが、崇禎帝という皇帝の人間的異常さの一端が、すでに現れ始めていたのである。

崇禎帝は、粛清をこの程度で終わらせようとは全く考えなかった。前述の人たちの処刑と同時に、崇禎帝は魏忠賢一派を「逆党」と断罪、魏忠賢に追随したり、協力したりした人々をすべてあぶり出した上で、粛清すべく「逆案」という名のブラックリストの作成を命じた。

皇帝の意向を受けた多くの御史は早速、魏忠賢とその一派の息がかかった官僚、あるいは魏忠賢の政治に協力したと思われる官僚たちを片っ端から探し出して粛清リストに入れようと躍起になった。崇禎帝による大粛清の幕開けである。

大粛清をスムーズに押し進めるため、崇禎帝は魏忠賢時代に迫害を受けた前内閣大学士の韓鑛《かんこう》を内閣首輔（首相に当たる）に任命し、粛清リストの選定と作成に当たらせた。韓鑛は魏忠賢政治時代の被害者の一人だったため、韓鑛の手によって厳しい粛清が実行されることを期待しての人事であろう。

しかし韓鑛はもともと温厚な人物であった。彼は粛清の拡大で、せっかく取り戻すことができた政治の安定を逆に乱すことを憂慮し、崇禎帝《すうていてい》の大粛清の実行にあまり乗り気ではなかった。韓鑛の主導下で粛清リストが一応作成されたが、それに載せられたのは50人程度、皆、誰から見てもバリバリの魏忠賢一派であり、しかも、すでに粛清済みの何人かもリストに含まれていた。

韓鑛の出したリストに大変不満だったのは崇禎帝その人である。皇帝は直ちに韓鑛以下の内閣メンバーと都察院（すなわち御史の集まる機関）のトップたちを招集し、リストのつくり直し、すなわち人数の拡大を指示した。その中で皇帝は何と、たとえ魏忠賢の忠実な子分でなくても、魏忠賢に賛辞を贈った人、魏忠賢に媚《こ》びを売った人、あるいは魏忠賢のために進言をした人々も全員、魏忠賢「逆党」の一員だと見なすべきとし、例の「逆案リスト」に入れるべきだと明言したのだ。

これでは粛清の拡大は避けられない。魏忠賢が権勢を振るった天啓帝時代の7年間、一部の官僚たちが栄達のために魏忠賢に積極的に協力したり、喜んでその子分になったりしたことは事実だが、その一方、多くの中央官僚の場合、本心では魏忠賢に追随したくないが、恐怖政治の中で生きていくため、止むを得ず魏忠賢の機嫌取りをした人もいれば、何かの政策提案を内閣で通すために、あえて魏忠賢に媚びを売った人もいる。こうした人々をいちいち探し出し、ブラックリストに入れるようなことは、魏忠賢の恐怖政治を超えた大粛清の展開を意味する。

崇禎帝にお尻を叩かれた韓鑛らはしばらくして渋々、数十名の追加リストを出してきたが、それでも崇禎帝は満足しない。今回は、皇帝自身が天啓帝時代に多くの大臣たちが書いた魏忠賢を称える上奏書を探し出して、韓鑛に突きつけた。「こういう連中も逆党ではないのか」と問い詰めたのだ。

これで韓鑛らは止むを得ず、もう一度リストのやり直しを行い、人数を大幅に増やしてから皇帝に提出した。そこで崇禎帝は、すでに大幅に増員されたはずの粛清リストに、さらに69人の官僚たちの名前を自らの手で書き入れた。

崇禎帝の追加した粛清リストには、日本の書道界でもよく知られる書の大家、張瑞《ちょうずい》図《と》も含まれていた。彼の罪状は次のようなものだった。魏忠賢専権の時代、各地の官僚たちはその機嫌取りのため、全国のあちこちで生きている人間の魏忠賢を神として祭る「生祠」を建てていたが、張瑞図は書道の達人だったために、誰かに頼まれて「魏忠賢生祠」の碑文の一つを書いた。そしてそれが仇《あだ》となり、稀代の大書道家は崇禎帝の粛清リストに入れられてしまったのだ。

粛清をここまでやると、誰の目にも政治的正当性と必要性は全くないと映る。皇帝一人の恣意による無意味な粛清拡大としか思われない。もはや粛清のための粛清というべき状態だった。

崇禎2年（1629）3月19日、崇禎帝の主導下で粛清リストが最終的に確定された。歴史上、「欽定逆案」と呼ばれるものだ。全部で255人からなるこのリストには、粛清すべき逆党たちが8つの種類、すなわち8つのレベルに分類されている。「首逆《しゅぎゃく》」とされたのは、すでに死亡の魏忠賢と客氏の2名。「首逆同謀」とされたのは前述の侯国《こうこく》興《こう》や崔呈秀《さいていしゅう》ら6名。そして「交結近侍《こうけつきんじ》」、魏忠賢の忠実な子分と指定された19人は全員死刑を言い渡された。それ以外には「交結近侍次第」11人、「交結近侍又次第」129人など、とにかく魏忠賢と何らかのかかわりを持った高級官僚の大半がリストに入れられ、粛清の対象となった。

その中には、官僚階級の最高級である「一品官」となった高級官僚が35人、内閣大学士、すなわちトップクラスの高級官僚経験者が8人、各部の尚書（大臣）経験者が44人だった。そのほか、総督・巡撫《じゅんぶ》などの地方トップの経験者も数多く粛清の対象となった。

もちろんその中には有能な人間も大勢含まれていただろうが、とにかく崇禎帝の大粛清によって、「魏忠賢一派」とまで言えない明王朝の重臣たちの大半までも一網打尽にされてしまったことは歴史の事実である。

決定的な度量の欠如と了見の狭さ

しかし、どう考えても政治的に全く必要性のなかった粛清拡大だった。前述のように、天啓帝の7年間、つまり魏忠賢が絶大な権勢を振るっていた時代、多くの官僚たちは恐怖政治から生き残るため、あるいは自分たちの仕事をうまく遂行していくためには止むを得ず、魏忠賢に媚びたり、従順の姿勢を示したりしたのが真相だ。しかし、そういう人たちの大半は本心ではむしろ魏忠賢のことを憎んだり、その失脚を願ったりしていた。決して魏忠賢の子分でもなければ、追随者でもなかった。

本来、彼らにとっても、魏忠賢《ぎちゅうけん》の失脚は恐怖政治からの解放であり、暗黒時代の終息でもあった。そして彼らの中には、かなり有能にして人望のある官僚が多く含まれていたとも思われる。そして魏忠賢一派がすでに失脚した以上、それらの官僚たちは崇禎帝《すうていてい》の新政権の脅威や邪魔にならないことはほぼ自明のことだった。

本来であれば、魏忠賢とその子分たちを粛清して政権から一掃したあと、崇禎帝にはもう一つ、賢明な選択肢が残されていたはずだ。それは天啓帝時代において魏忠賢とその一派に迎合したり、従順したりした多くの官僚たちの過去を水に流し、彼らを新政権の中に取り入れ適材適所の配置を行うことである。

中国では昔から、リーダーとなる人の人物の大きさや懐の深さを評価するのに「度量」という言葉が使われる。その際、人の使い方はまさにリーダーたる人物の「度量」の現れだと思われる。自分にとって有用な人材であれば、あるいは大同団結の政治的局面をつくり出すためには、さまざまな欠点のある人物や自分を裏切ったことのある人物、あるいはかつては敵対勢力にいた人物だとしても、一国一城の主人であるリーダーは、清濁《せいだく》合わせ飲むような寛容な態度で、そのような人々を傘下に収め、うまく使いこなす。それができるリーダーは「度量がある」と評価され、多くの有能な人物たちが追随する。実際に歴史上、大きな偉業を成し遂げることができたのは、往々にして「度量がある」と評されるリーダーだった。

たとえば三国時代の曹操は、度量の大きさに関して言えば、中国史上定評のあるリーダーである。彼の度量の大きさを示すエピソードは正史の『三国志』でも記されているが、その中には次のようなものがある。

紀元200年、曹操が「官渡《かんと》の戦い」で強敵の袁紹《えんしょう》に大勝したことは、「三国志ファン」ならば誰でも知っている逸話だが、決戦の前の段階では、曹操にとって完全に不利な情勢だった。袁紹は圧倒的な勢力基盤と兵力を持ち、曹操が勝てると思う人はほとんどいなかった。結果的に曹操が辛勝したが、実は戦いが終わったあと、袁紹の本陣から曹操陣営の多くの人々が袁紹に寄せた「求愛」の手紙が大量に発見された。つまり、曹操必敗だと見ていた彼らは、戦後の保身のために袁紹に誼《よしみ》を通じようとしていたのだ。もちろんそれは、曹操に対する立派な裏切りであり、許し難い。その時代、曹操が手紙の書き手を片っ端から探し出し全員処刑したとしても、不当だと思う人はまずいない。

しかし曹操の対応は実に意外であり、そして見事であった。曹操は大量の手紙にはいっさい目を通さず、書き手の名前も一切確認せず、衆目環視の中でそれらを全部焼却させた。本人曰く「袁紹との決戦の前、私自身もどうなるか分からないから、配下の連中が保身で袁紹に走るのも仕方がない」と、この一件を完全に不問に付したのだ。

それほどの度量の大きさがあるからこそ、三国時代においては文武問わずに天下の英才の多くが曹操の傘下に集まり、彼の覇業を成就させた。が、一方で敗者の袁紹は、身辺の人間すら信用して使いこなせない「度量の小さな人間」として知られる。

以上は曹操の「度量の大きさ」に関する話だが、本章の主人公である青年皇帝の崇禎帝を、この曹操と比べるのは少し酷《こく》かもしれない。しかしそれでも曹操のような歴史上の人物と比べれば、崇禎帝という人間の度量の小ささ、あるいは了見の狭さがよく分かる。

曹操は自分を裏切って敵陣営に走った連中までも許してやったのに対し、一方の崇禎帝は、特に自分を裏切ったわけでもなく、魏忠賢の忠実な子分でもなく、単に保身のために魏忠賢に一時的に従った官僚たちを次々に断罪した上で粛清した。度量こそリーダーたるものの天性的な素質とするならば、崇禎帝という若き皇帝には「度量」が最初から欠如していたのではないだろうか。

即位してから早々、魏忠賢とその一派を破滅させたその追い込み作戦の見事さには、崇禎帝の綿密さや果敢さが見えてきて、そういう意味では名君となれるような皇帝だった。だが、後の不必要な大粛清を見ると、せっかちな性格で、料簡《りょうけん》が狭い、要するに主君としての器が小さすぎることを証明している。そして後述のように、その点こそが崇禎帝の致命的な欠陥の一つであり、彼自身を「亡国の君」にさせた最大の要因の一つでもある。

実は今の中国では、独裁者として君臨している「新皇帝」の習近平も崇禎帝以上に狭量で器の小さすぎるバカ殿なのだ。習近平の度量の小ささについて6章で詳しく述べるが、どう考えても「習近平新皇帝」は、崇禎帝と同様の度量の小さな「亡国の君」でしかない。唯一違うのは、崇禎帝は10代の青年皇帝として狭量という性格上の欠点を持つのに対し、習近平は70代の「老熟」した年になってもそのありさまだという点。崇禎帝よりも救いようのないバカ皇帝なのだ。

話を本題に戻そう。以上が即位後の崇禎帝が断行した大粛清の全容だが、実はこの大粛清の実行は、崇禎帝の狭量さを露呈したと同時に、別の意味においてもその後の崇禎帝の政治に禍根を残した。

魏忠賢一派に対する追い込み作戦の大成功と、そのあとの大粛清が首尾良く断行されたことは、若き崇禎帝の数少ない「成功経験」となり、彼の政治スタイルと手法の形成に決定的な影響を及ぼすことになった。以来、崇禎帝政治の約16年間、大臣に対する「粛清」は崇禎帝にとって病みつきの政治手法となり、政治の肝心の場面で彼が必ず抜いてしまう「伝家の宝刀」となってしまったのだ。

しかし、このような極端な「皇帝恐怖政治」の下では、有能な部下が粛清の憂き目にあって殺されたり、あるいは萎縮して不作為と責任回避に走ったりすることになる。これでは朝政の立て直しはなかなかできず、明王朝は沈没への道をたどるしかない。そして結果的には、崇禎帝政治17年目にして、明王朝は音を立てて崩壊したのである。

いつしか「大臣更迭」と「大臣殺し」が病みつきに

自らの治世の17年間、「粛清の名手」とも評すべき崇禎帝は一体どれほどの臣下を粛清したのか。それについては、中国の著名な歴史学者、南京大学教授・中国明史（明朝史）学会副秘書長の夏維中《かいちゅう》氏が、名著『崇禎的王朝（崇禎の王朝）』（江蘇人民出版社／

２０２１年）で、次のように記している。

「崇禎朝では、高級官僚の更迭《こうてつ》が非常に頻繁に行われている。例えば兵部尚書（国防大臣）は14人が更迭され、刑部尚書（法務大臣）は17人も更迭された。あるいは北部防備の要《かなめ》となる薊鎮《けいちん》の総督を、崇禎帝は1年内に5人も更迭した記録がある。そして、中央政府の要である首補（首相）職となると、崇禎帝はその在位の17年間、何と50人の首補を更迭して使い捨てにした。

さらに問題となっているのは、崇禎帝は百官に対しては徹底した厳罰主義を貫き、明王朝の歴史の中でも稀《まれ》に見る凄まじい粛清を広範囲において、しかも厳しい手段で断行し続けた。

崇禎帝在位の17年間、首補（首相）の2人と、総督の7人、そして巡撫《じゅんぶ》の11人が処刑された。２７６年の明朝史上、殺された首補は4人いたが、その半分の2人が崇禎帝の手によって処刑された。

もちろん、崇禎帝の手によって殺された巡撫以下の高官は数えきれない。例えば崇禎12年3月、国土防備に失敗したとの罪で、崇禎帝は順天《じゅんてん》巡撫、陳祖苞《ちんそほう》以下の36人の官僚を一気に処刑したが、一度に処刑された官僚の人数としては明王朝の新記録をつくった」

以上が、中国の歴史学者による崇禎帝の臣下粛清・虐殺に関しての総括的な記述だが、崇禎帝は一体どうして、それほどの高い頻度で大臣たちを更迭し、そして無残にも殺していったのか。

客観的な原因として、崇禎帝が在位中の17年間、王朝の存立を根底から危うくする2つの脅威に直面し、それらと戦わなければならなかったことにあろう。ひとつは、先君の時代からすでに大問題となっていた農民一揆の頻発とその勢力の拡大である。もうひとつの脅威は、満洲地方における女真《じょしん》族の急速な台頭と、彼らによる中原地域への頻繁な侵入である。

つまり、内なる敵の農民一揆と外なる敵の外族侵入に同時に対処しなければならなかったのだ。それは崇禎朝の宿命とも言えるが、崇禎帝は在位17年間、心が休むまもなくこの2つの強敵からの脅威に常に怯《おび》えながら、一寸の油断もできず、常に臨戦状態で必死になって対処した。

このような切迫した緊張状態が続く中で、崇禎帝はいつもせっかちになって劣勢の挽回に躍起だった。そのために、彼はいつも大臣たちの尻を叩き、成果を上げるよう迫るが、結果的には王朝の農民一揆対策と女真族対策はほとんど失敗の連続だった。挫折感と焦りを感じた崇禎帝は、そのたびに失敗の責任を臣下たちにすべて押し付け、彼らを厳罰に処したのだ。

その一方、局面打開のために、崇禎帝は常に有能な臣下を求めて大臣の更迭を日常茶飯事のように頻繁に行う。しかし、いったん新しく任命した大臣たちが皇帝自身の期待する通りに物事を推し進めることができなかったり、あるいは彼らに少しでも落ち度や誤りが見つかったりした場合、皇帝のやることは実に簡単明快だ。彼らの首切りを迅速に断行し、あるいは彼らを容赦なく処罰することである。粛清と処罰の後、崇禎帝は再び新しい人材を求めて王朝の運命を彼らに託すが、しばらくして成果の出なかったことに怒った皇帝は、またもや首切りと厳罰を断行する。

崇禎帝の人事と政治は結局このような堂々巡りの繰り返しによるものであり、そうしているうちに、優秀にして有能な臣下はほぼ殺され尽くすことになった。生き残った官僚たちも戦々恐々として保身に走り、一切の責任を負わなくなる。結果的に、崇禎帝が懸命になって頑張れば頑張るほど王朝はますます傾き、亡国への道を一直線に突き進むことになる。

では、崇禎帝の行う人事がどれほど過酷にして異様なものだったのか、多くの実例に即して見てみよう。

例えば畢自厳《ひつじげん》という大臣の失脚はその好例の一つだ。

畢自厳は天啓帝《てんけいてい》の時代から要職である戸部尚書《こぶしょうしょ》となり、崇禎6年（1933）までの10年間にわたり全国の財政管理を担当した。実は天啓帝の時代以前から、税収不足と腐敗の蔓延で明王朝はずっと深刻な財政難に陥っており、赤字財政を毎年続けていたが、畢自厳は理財の名人として奮闘し続け、なんとか国家財政を切り盛りし、維持してきた。しかし崇禎6年、この有能な財務大臣は思わぬ理由で失脚の憂き目を見る。

この年、今の上海近くの華亭県《かていけん》知県（知事）の鄭友元《ていゆうげん》が中央官僚の選考に合格し、御史に任命された。本来、一御史の任命人事は皇帝自ら関与するものではないが、人事好きな崇禎帝は安心できず、鄭友元の官僚としての履歴や行いの記録などの個人資料を取り寄せて目を通した。その中で皇帝は、鄭友元が青浦県《せいほくけん》知県を務めた時、国庫金から「金花銀」（租税として国家に納入された銀）の2900両を借りて返済していなかったことを見つけ、問題視した。

中国の皇帝が、そんな細かいところにまで目を付けること自体大珍事だが、「金花銀」とは、いわば内弊の一種であり、税収の中から皇帝個人用のために捻出される金銭である。そのため、ケチな崇禎帝は普段から「金花銀」に対して管理を厳しくしていたのだ。

鄭友元の「金花銀」借用を知って怒った崇禎帝は早速、戸部の官僚を呼んで問い質した。「金花銀」を含む内弊を管理するのは戸部の仕事だからである。もともと、官僚の給料が非常に安い明王朝では、官僚が国庫金からある程度のお金を借りるのは一種の慣習となっており、後になってちゃんと返済さえすれば戸部はあまり問題視していなかった。

しかし今回の場合、まさか皇帝自らが追及してきたため、戸部尚書の畢自厳は急いで経緯を比べた上で皇帝のところに報告に上がった。畢自厳は「鄭友元は借用金の大半をすでに返済しているから、あえて問題視しなかった」と弁明した。

しかし崇禎帝はそれでも納得しなかった。彼は早速、「金花銀」を含めた内弊を戸部から受け取り、皇帝の金庫に収める職の宦官《かんがん》に、鄭友元からの「金花銀」返済の記録があるかどうかを調べさせた。しかし宦官からの報告は「記録一切なし」。宦官が記録を消去して、返済金を着服した可能性もないわけではないが、宦官を信頼していた崇禎帝はこのような可能性を一切考えず、戸部尚書の畢自厳を問い詰めた。

結果的には、畢自厳《ひつじげん》は真相が分からずに皇帝の満足する答えを出せない。崇禎帝は、直ちに彼を解任して牢獄に送った。

以上が崇禎帝による畢自厳解任・粛清の一部始終だが、最高権力者の皇帝としてどれほど愚かな行為だったのかがわかる。大王朝の国政の頂点に立ち、農民一揆と外族の侵入という2つの脅威に対処する指揮を取らなければならない立場の崇禎帝が、一御史の任命人事に口出しをしたり、一官僚による数千両のお金の借り出しを自ら追及したりするのは、どう考えても針小棒大、本末転倒の類である。この程度のことは本来、皇帝が全体の方針を決めた上で吏部や戸部の官僚に任せればいい。皇帝がやらなければならない大事な仕事はほかにいくらでもある。

それくらいのことも分からないのは、崇禎帝という人間のクソ真面目さと要領の悪さの現れでもあるが、それよりも問題なのは、この一件の最終処理において崇禎帝が一人の中間官僚の内弊金借用と不返済問題の責任を直接に関係のない戸部尚書に押し付け、解任しただけでなく牢獄にまで送ったことだ。ここまで荒唐無稽《こうとうむけい》な厳罰人事を実行するなど、もはや異常である。

どう考えても、この程度の案件で王朝の財政を10年間も支えてきた老練な「財務大臣」の首を切ったのは愚の骨頂と言うしかなく、政治がうまくいくはずもない。臣下のいかなる落ち度も許さないという崇禎帝の狭量さと偏執さは、「亡国の君」の致命的欠点の一つでもある。

責任逃れのため臣下にすべての責任を押し付けた最低の皇帝

崇禎帝の臣下の取り扱い方における問題点は、落ち度を一切許さない狭量さだけではない。最高権力者としての彼はその一方において、自分の落ち度を一切反省せず、すべての責任を臣下に押し付けることを政治の習性としたのだ。

たとえば、農民一揆への対応に当たる際の、楊鶴《ようかく》という大臣の起用と厳罰は、その一例である。

崇禎帝が即位してから早々、広がる農民一揆への対処という国家存亡の課題に直面していたことは前述の通りだが、天啓帝の時代以来、深刻な財政難による決定的な軍費不足や軍官の腐敗による士気低下などが原因となり、朝廷による農民一揆殲滅《せんめつ》の方略はなかなか上手くいかず、一揆勢力は拡大する一方であった。

崇禎帝が新皇帝として立った当初は、武力鎮圧一辺倒で農民一揆の完全撲滅を目指した。そのために多くの作戦を立てて鎮圧に全力を上げたが、一連の作戦はことごとく失敗に帰した。すると、気の早い皇帝は、それまでの力ずくの農民一揆殲滅方略に限界があると感じ、政策転換を模索し始めた。そしてちょうどその時、時機を得る方策をぶら下げて出てきたのが御史の楊鶴だった。

楊鶴は崇禎帝の祖父にあたる万暦帝《ばんれきてい》の時代に、科挙試験の最高ランクである殿試に合格した進士であり、天啓帝の時代には魏忠賢《ぎちゅうけん》一派からの政治的迫害を受けた地方官の一人でもあった。そして崇禎元年（1628）からは御史に任命され、中央政府で活躍し始めたが、朝廷の政治方針と政策立案に適切な提言を数多く行ったことで名声を高め、崇禎帝の信頼する臣下の一人ともなった。

崇禎2年（1629）1月、彼は崇禎帝に対し、農民一揆の殲滅を目指した武力鎮圧をやめ、その代わりに利益誘導と説得によって一揆勢力を降伏・帰順させるという「招安政策」の試行を提案した。

即位以来の数年間、農民一揆の鎮圧で多くの挫折を経験し疲れ果てていた崇禎帝にとって、この政策提案はまさに旱天《かんてん》の慈雨《じう》だった。皇帝は早速それに飛びつき、楊鶴の「招安政策」の実行を決めた。ちょうどその時、農民一揆鎮圧最前線の陝西《せんせい》総督が鎮圧失敗の責任を負って自殺した。崇禎帝は直ちに楊鶴を新総督に任命し「招安政策」の実行に当たらせた。

朝廷と地方の最前線の両方から「招安政策」に反対する意見が多く上がっていたが、皇帝は一向に構わない。政策転換を一旦決意した崇禎帝は楊鶴を全面的にバックアップする姿勢を打ち出し、それを鮮明にした。これで楊鶴は新総督として余念なく「招安政策」を積極的に押し進めた。

当時、陝西とその周辺で活動する農民一揆勢力の多くは最初から烏合《うごう》の衆だった。彼ら自身も深刻な食料不足などの大問題を抱え、頭領の大半は明確な政治目標を持たずに右往左往していた。だから、楊鶴とその背後の朝廷から「降伏・帰順すれば全員に食料を与えて頭領たちには官職を与える」との甘い誘いがあると、農民一揆勢力の多くは次から次へと楊鶴に帰順の意を表し、朝廷に降伏してきた。

その中には、後に農民一揆の全国的大領袖となった張献忠《ちょうけんちゅう》や李自成《りじせい》も含まれていた。

とにかく、楊鶴が陝西総督に就任してからの2年間、大半の農民一揆勢力は彼の軍門に下り、「招安政策」は大変な効果を上げ、一見大成功したかのように見えた。

有頂天となった崇禎帝《すうていてい》は数回の詔書を発し、楊鶴《ようかく》の功績を大いに褒め称えた。それと同時に、「招安政策」の価値を認め反対意見を押して楊鶴を起用したのは、ほかならぬ皇帝自身であることを何気なくアピールした。崇禎帝は自らの詔書の中で「流賊者亦為天下之赤子、朕之臣民、招安一策深体朕心」という言葉を発したが、現代日本語に訳すと「流賊であっても、もともとは天下の国民であって朕の臣民である。彼らを招安する政策は朕の心を深く代弁している」というものだ。つまり、崇禎帝はその時、楊鶴の「招安政策」の成功に便乗し、自分こそが天下万民を愛する聖君であるかのように演じて見せたわけだ。

その一方、まわりの臣下たちも一斉に「招安政策の成功は皇帝陛下の仁徳の致すところ」と、皇帝礼讃の嵐を巻き起こし、崇禎帝を大いに喜ばせた。一時には「招安政策」の実行者である楊鶴の名前も、こうした皇帝礼讃ラッシュの中で埋没《まいぼつ》してしまい、「招安の成功」は、すなわち「聖君の成功」であるかのような雰囲気となった。

しかし、崇禎帝にとって心地の良い状況はそう長くは続かなかった。崇禎4年（1631）7月、楊鶴を通して朝廷に帰順した「神一魁《しんいっかい》」というアダ名の農民一揆の元頭領が、以前の部下たちを率い再び反旗を翻《ひるがえ》した。そしてそれを皮切りに、一時的に降伏した一揆の頭領たちの大半が続々と再び反乱を起こしたのだ。

当初、彼らが楊鶴の「招安政策」に応じて降伏したのは、一時的な便宜策であり、朝廷からの食糧・経費の提供や官位の授与を目当てにしたものだったが、食糧などが十分に手に入り、もらった官位が結局、権力の伴わない単なる「名誉職」であることが分かると、彼らは一勢力を擁してやりたい放題の反乱生活に逆戻りしたのだ。最初から砂の楼閣だった楊鶴の「招安成功」は、こうして一気に崩れたのである。

こうなると、以前は「招安政策」に反対の立場にあった朝臣たち、あるいは楊鶴の「成功」に大いに嫉妬していた高官たちが、一斉に楊鶴と彼の「招安政策」に対する非難と攻撃を始めた。一方、自らが「招安」した一揆の元頭領たちが再び反乱に走ったことで大変苦しい立場となった楊鶴は、人を遣わして頭領たちの翻意を促す一方、崇禎帝には「微臣万苦甚憐事＝臣下の私は大変心苦しいこと」と題する上奏文を送り、何とかして皇帝からの信頼と支持をつなげようと必死だった。

しかし崇禎帝のとった最初の反応は完全なる沈黙だった。皇帝は朝廷内に広がり始めた楊鶴批判の動きに目を瞑《つむ》る一方、楊鶴を庇《かば》ったりするような姿勢を一切見せなかった。崇禎帝のこの態度は「楊鶴批判」に対する黙認、あるいは容認だと解釈された。これをきっかけに「楊鶴批判」は瞬く間に広がった。

さらに「招安政策」の不適切さや楊鶴の読みの甘さに対する批判は勢いを増し、総督の楊鶴が反乱勢力の「招安」に使うべき食糧や経費を横領したからこそ、不満をもった頭領たちが再び反旗を翻したのではないかとする非難や追及の声が高まっていった。その時、崇禎帝は迅速に動き出した。彼は詔書を発布、楊鶴の解任と逮捕を命じた。その中で崇禎帝は楊鶴のことについては「在総督之位不思滅賊之責、以招安之名任其跋扈以成巨患也」〈楊鶴が〉総督の重任にありながら流賊を撲滅させようとはせず、招安という名ばかりの策で流賊の跋扈《ばっこ》と増長を許した）と厳しく断罪している。

崇禎帝は、楊鶴の「招安政策」を認め、彼を総督に起用したこと、自分が2年以上にわたって楊鶴による「招安政策」の推進を全面的にバックアップしたことなどを全部棚上げ、というよりもまったく「なかったこと」にした。その一方、あたかも楊鶴が「招安政策」を勝手に押し進めたかのような言い方に徹したのだが、要するに崇禎帝は、政策失敗の責任を綺麗さっぱり、臣下の楊鶴に押し付けたのである。

天下の主人である皇帝にしては、このようななすりつけ方はあまりにも無責任であり、あまりにも卑怯ではないか。

もちろん、責任を楊鶴一人になすりつけた崇禎帝は、自らの発した「招安一策深体朕心」との言葉を完全に忘れかのような素ぶりである。とにかく、政策が成功しているかのように見えたときは、皇帝の心を代弁した皇帝の政策そのものだったが、一旦失敗に終われば、それは皇帝とは何の関係もない。そういう時、崇禎帝のやり方は至ってズル賢く、そして卑怯なのである。

その一方、崇禎帝の命令によって解任され、逮捕された楊鶴は、当初、自分の「招安政策」を全面的にバックアップしたはずの皇帝がどうして掌《てのひら》を返すような態度をとったのか、納得ができなかった。獄中にいる彼は再度「微臣負不白之冤事」と題する最後の上奏書を皇帝に提出した。

その中で楊鶴は、政策の失敗は一概に自分の責任ではないとの自己弁護を行ったと同時に「この政策は皇帝ご自身の同意を得たのではないか」という意味合いのことを訴え、皇帝の諒解を得ようと必死になっていた。

しかし、それが楊鶴の命取りとなった。己の責任から一切を逃れようとする皇帝様に対し、楊鶴は不覚にも「皇帝のあなたにも責任がある」と言ってしまったからである。案の定、それに怒った崇禎帝は彼を袁州《えんしゅう》という荒廃した辺境の地方に追放する命令を出した。そして袁州はそのまま、楊鶴の死の地となった。崇禎帝という最低の卑怯皇帝に仕えたこと。それが、楊鶴にとって最大の悲劇だったのである。

大臣をスケープゴートにするズルさ

最後にはもう一人、崇禎帝の卑怯さの犠牲となった大臣の話をしよう。崇禎帝によって処刑された兵部尚書・陳新甲《ちんしんこう》のことである。

先述したが、崇禎帝は在位17年間、農民一揆への対応策で苦労したのと同時に、満洲の女真族勢力からの脅威にも常に晒《さら》されていた。特に女真族は皇太極《こうたいぎょく》(ホンタイジ)という傑物の指導下で清国として建国して以来、明王朝に対する軍事的圧迫をより一層強め、いよいよ中原に攻め込んできて天下取りをするような態勢となりつつあった。

こうした中で、徹底抗戦して皇太極と最後まで戦うのか、それとも和平交渉して勢力均衡の下で棲み分けを図るのか、崇禎帝の明王朝にとって究極の二者択一となっていた。

だが、農民一揆の拡大という致命的な内部問題を抱えながら深刻な軍費不足にも悩まされている明王朝と崇禎帝は、常に清国との「平和共存」を念頭に和平交渉の道を探っていた。

しかしその一方、朱子学的原理主義と中華思想が支配的イデオロギーとなった明王朝では、「夷狄《いてき》」の清国と和平交渉を行うようなことは大変な政治的リスクを伴っていた。崇禎帝はその在位中、数回にわたって清国との交渉を模索したり、実際に交渉を行ったりしたが、その際、交渉はほとんど秘密裏に進められ、特に崇禎帝自身と交渉工作とのかかわりは極秘事項として極力隠された。崇禎帝は「夷狄」の国と屈辱の和平交渉を行ったことで、「中華皇帝」としてのメンツを失うことを一番恐れていたからである。

崇禎帝が清国との最後の和平交渉を試みたのは、崇禎15年（1642）、明王朝軍が清国との「松山の戦い」で歴史的大敗を喫した直後である。当時の兵部尚書は陳新甲という万暦帝時代に科挙試験に合格した老臣だが、本来、兵部尚書の彼は敗戦の責任を問われる立場であり、本人も責任をとって辞職願を皇帝に出した。しかし崇禎帝はそれを許さなかったので、陳新甲は止むを得ず、現職に止まって敗戦の善後処理と清国対策に当たった。

もちろんその時には、朝廷に清国と戦争を継続する余力はなく、一方で内部の農民一揆がますます勢いを増し、朝廷にとって最大の脅威となっていた。

こうした中で陳新甲は、内閣大学士の謝昇《しゃしょう》などの支持を取り付け、戦勝した清国との再度の和平交渉を崇禎帝に提案した。思い切って相手からの条件を呑み、和平交渉を成立させ、辺境を安定させた上で、全力を挙げて一揆勢力の撲滅に専念するという内容の提案である。

崇禎帝も陳新甲の提案以外に難局打開の方法がないと分かっているし、内憂外患の中、皇帝自身は誰よりも和平交渉の成立を望んでいたはずだった。しかし最初は、それを拒否した上で陳新甲のことを厳しく叱りつけた。中華皇帝のメンツ上、夷狄との和平交渉の提案にやすやす乗るようなマネはできなかったのだ。

崇禎帝はまた、首補の周廷儒《しゅうていじゅ》を呼び、和平交渉の是非を彼に密かに問うた。しかし周廷儒は、これについては「是」とも「非」とも答えず、はっきりとした意見をいっさい言わない。皇帝がこの件についての是非をわざと自分に聞いてくることの真意を、この老獪《ろうかい》な臣下はよくわかっていたからだ。

崇禎帝も特に首補の意見を知りたくて聞いたわけではない。いざとなったときに責任を臣下に押し付けるための「事前工作」を行っただけである。つまり首補の周廷儒が、その場で和平交渉に対する賛成の意見をはっきりと言ったら、それが失敗に終わった場合の責任は全部彼のものとなる。

首補からあいまいな答えしか引き出せなかった崇禎帝は、朝廷という場で多くの大臣にこの極秘事項について諮問するわけにもいかない。首補に逃げられた皇帝は結局、反対意見の多い和平交渉の陣頭指揮を自ら取るしかなかった。崇禎帝は陳新甲を単独謁見に呼び、彼に全権を与えて和平交渉を進めることを密かに命じた。もちろん、この一件を極秘にするよう陳新甲に念を押した。

命令を受けた陳新甲は早速交渉案をつくり、馬紹愉《ばしょうゆ》という官僚を秘密使節として清国の皇太極の陣中に遣わし、実際の交渉にあたらせることを崇禎帝に提案、決裁を求めた。崇禎帝は交渉案とこの交渉担当者人事の両方に許可を出した。

しばらくして馬紹愉は、陳新甲の交渉案と崇禎帝の親書を携え、皇太極の陣中に現れた。その時、清国側の高官たちの多くは「松山の戦い」での大勝の勢いに乗じて、領土の大量割譲や巨額な賠償金の支払いを明王朝に強く求めようと皇太極に建言したが、どういうわけか皇太極のとった態度は極めて寛大であった。彼は結局、明王朝から出された例の陳新甲交渉案をほぼそのまま呑んだ一方、清国の独立国家としての地位に対する正式承認を停戦の最大の条件として明王朝に要求した。

つまり、明王朝の皇帝が、清国を属国としてではなく対等の相手国として認めてくれれば、皇太極と清国は大いに満足してくれるわけだ。そうなれば停戦としばらくの平和は実現できる見通しが立つ。

皇太極からこのような予想外な好条件を出された馬紹愉は直ちに詳細な報告書にまとめて、王朝専用の文書高速伝達ルートを通して陳新甲《ちんしんこう》に届けた。官僚たちの目を避けての極秘交渉であるがゆえに、報告書が届いたのは、陳新甲が尚書を務める兵部などの役所ではなく、陳新甲の自宅だった。そして自宅の書斎でそれに目を通した陳新甲は大いに喜び、「これで大事を成し遂げることができた！」と胸を撫で下ろした。

しかし、こうした安堵状態の中で、陳新甲は一つ、後に自分の命取りとなるような痛恨のミスを犯した。彼は読み終わったところの機密文書を机の上に置いたまま書斎から出ていってしまったのだ。

その直後に、書斎の片付けに入った秘書役の下男が、机の上の文書を見つけ、それが普通の「塘報《とうほう》」だと誤認した。「塘報」とは、各地方から尚書に常時に送ってくる日常的な業務報告のことであり、尚書がそれに目を通した後、同じ内容の複写版が各役所で回覧されるのが、当時のしきたりだった。

そこで、下男に「塘報」と勘違いされた例の秘密報告書がそのまま複写され、中央の各役所で一斉に回覧されることになった。その結果、秘密報告の内容が一気に高級官僚たちに知られるところとなり、明王朝内で「大地震」を引き起こすこととなった。

自らのミスで危機的状況を招いても沈黙を続ける〝卑怯〟皇帝

「大地震」が起きた最大の理由は、朝廷が夷狄《いてき》の国と交渉を持ったことにある。つまり明王朝の正統なるイデオロギーからすれば、「夷狄の国」はそもそも中華王朝に従うべき存在であり、対等に交渉すべき相手ではまったくない。どんなことがあろうとも、朝廷が彼らと交渉的関係を持つこと自体、王朝の体面と名誉を大きく傷付ける、あるまじき行為であって、断固として許してはならないことだった。

ましてや堂々たる中華朝廷がコソ泥のように百官に秘密にして交渉を進めたことは、

官僚たちの憤慨に油を注ぐ効果を発揮し、彼らは一致団結してこの案件に対する厳しい糾弾を始めた。

もちろん百官の大半は、崇禎帝こそ交渉工作の「黒幕」であることをよく分かっていた。しかし彼らも生き馬の目を抜く人物たちであり、絶対的な権力者の皇帝様に攻撃の矛先を向けることはしなかった。中央の官僚は、和平交渉の中心人物、陳新甲に攻撃の集中砲火を浴びせた。

これで窮地に立たされたのは、渦中の陳新甲である。中華思想の高みからの百官たちの非難と攻撃に対して、陳新甲が反撃できることは何もない。また、実は自分が皇帝の極秘命令を受けて交渉にあたっているとも言えない。陳新甲はしばらく嵐のような猛攻撃を一身に受けてじっと耐えていたが、彼が唯一期待できたのは、崇禎帝が前に出て自分自身を守ってくれることだった。

もちろん、崇禎帝がまともな皇帝であれば、自ら朝廷に臨んで陳新甲を守るべきところだった。和平交渉は確かに陳新甲の提案によるが、それに最終的なゴーサインを出したのは崇禎帝自身であり、崇禎帝の指示によって和平交渉が実施に移されたからだ。このような経緯からしても当然、陳新甲のことを守るという最低限の義務は崇禎帝にあったはずである。

そしてそれ以上の問題として、明王朝の存続を図るためにも崇禎帝は陳新甲を守り通すべきであろう。前述のように、陳新甲が進めているところの和平交渉は当時、清国最高指導者の皇太極の示した意外な寛大さにより、明王朝によっては実に望ましい内容だった。大勝した清国から領土の割譲や法外な賠償金の支払いを強要されたわけでもない。清国の地位さえ認めれば停戦が成立し、大敗した明王朝が少なくとも一時的な安泰を得ることができるのである。

そうであれば、明王朝は全力をあげて、内容の和平交渉を迅速にまとめ、清国との安定した関係の構築に邁進《まいしん》すべきだろう。国力を集中した上で、内部の農民反乱に当たる……それこそが明王朝の為政者が大局観から取るべき方略であって、進むべき道だった。

しかし当時の明王朝内では、群臣たちがこうした大局観を完全に見失っており、むしろ和平交渉そのものを目の敵《かたき》にして陳新甲の袋叩きに熱中した。が、最高権力者の皇帝は冷静なる大局観に立って群臣たちの批判を鎮め、陳新甲を守り通すことで進行中の和平交渉を守り抜くべきだった。王朝の政治体制の下では、唯一人皇帝だけが衆議を排して、このような大役を果たすことができる。

もちろん、窮地の陳新甲も崇禎帝がこのような「皇帝力」を発揮することに一縷《いちる》の望みをつないでおり、相手方の清国の皇太極も自分から示した好意に対する崇禎帝の返事を待っているところでもあった。

しかし、その時に崇禎帝《すうていてい》の示した反応は実に絶望的だった。群臣が陳新甲に攻撃の集中砲火を浴びせている中、案の定なのか、意外なのか、崇禎帝はずっと沈黙を守り、陳新甲に和平交渉の指示を出したのは皇帝の自分であるとは一切言わないし、陳新甲を庇《かば》うような発言も一切口に出さない。この一件が自分と全く無関係であるかのような態度で高みの見物を決め込んだのだ。

群臣たちによる陳新甲攻撃はより一層激しくなったが、その中で堪忍袋の緒が切れる寸前の陳新甲は自分に交渉の指示（すなわち聖旨）を出したのは、ほかならぬ皇帝様であると示唆し始めた。どうやら陳新甲も、崇禎帝のスケープゴートとして葬り去られたくはなかったようだ。

しかしそれこそ、崇禎帝のもっとも恐れることであった。彼はどうしても、夷狄との和平交渉を主導した君主として群臣たちの嘲笑う対象になりたくないし、そうした恥ずかしい皇帝として歴史に残りたくもなかった。

陳新甲の発言を受け、崇禎帝は、宦官の錦衣衛《きんいえい》に陳新甲逮捕の命令を出した。

彼を錦衣衛の牢獄に送り込むことで朝廷内外からの非難の声を鎮めるのと同時に、事実の真相を吐こうとする陳新甲の口を封じ込めた。そしてこの年の8月、崇禎帝の命令によって陳新甲はついに処刑された。

しかし陳新甲の処刑によって、清国との和平交渉は完全にご破算となった。それ以来、明王朝は清国からの大規模な侵入に備える一方、農民一揆への対応にも力を注ぐことにもなった。大変弱体化していた明王朝に、そのような二正面作戦を同時に遂行できるはずもない。

前述の楊鶴の失脚とその後の陳新甲の処刑によって朝廷は農民一揆勢力を「招安」する道を絶った一方、清国と和解する選択肢も失った。崇禎15年（1642）からの明王朝は、農民反乱と外族侵入の挟み撃ちにあい、敗退を重ねて亡国の最終段階を迎えた。

そして本章の冒頭で記したように、崇禎17年の1644年4月25日、農民一揆の李《り》自成《じせい》軍が首都の北京に攻め込んできている中で崇禎帝自身は悲劇の首吊り自殺を遂げ、明王朝は滅亡。そしてその数カ月後、大挙に侵攻してきた清国軍によって、中華帝国の天下は異民族の手に落ちた。

崇禎帝が「亡国の君」とならざるを得ないワケ

以上、明王朝最後の皇帝である崇禎帝の人となりと、彼が亡国の君となったゆえんを概観した。

崇禎帝は本来、国を滅ぼすような暗君ではなかった。勤勉にして学問好き、享楽を遠ざけて政務に励んだ皇帝は、明王朝だけでなく中国の歴代皇帝の中でも模範的好皇帝の一人に数えられる。ましてやその先代皇帝の天啓帝《てんけいてい》や、本書にも登場した秦の2世皇帝の胡亥《こがい》などと比べれば、崇禎帝はむしろ名君の部類に入れるべき皇帝の一人だろう。同じ亡国の君であっても、崇禎帝と胡亥ごときの者との間には月とスッポンの違いがある。

そして、16歳で皇帝となり、魏忠賢《ぎちゅうけん》一派を首尾よく朝廷から一掃するまでの彼の政治行動を見れば、この若き皇帝は決断力と実行力に富んだ有能な政治家であることがよく分かる。

魏忠賢一派の追い込み作戦で発揮されたその政治手腕の鮮やかさは、むしろ「見事だ！」と絶賛すべきものであり、名君となるための政治的素質はこの若き皇帝に最初から備っていたのだ。

しかし、それでも崇禎帝は、彼の代までに250年近くの命脈を保った明王朝を滅ぼし、自らも首吊り自殺を余儀なくされた悲劇の「亡国の君」となった。

なぜ、そうなってしまったのか。

先代と先々代の暗君たちの失政によって、明王朝の国運がとっくに傾いていたなどの客観的な理由もあるが、その一方、崇禎帝という最高権力者自身が抱えているいくつかの性格上の欠点、あるいは人間的欠陥が、彼と彼の王朝の致命傷になったことは、本章で説明した通りである。

結局、性格上の驚くべきほどの短気さ、指導者としての狭量と卑怯、そしてリーダーたるものの持つべき度量の欠如など、崇禎帝の個人的な特質が、彼の治世下における明王朝内の君臣関係を徹底的に歪《ゆが》め、臣下たちの心を完全に離れさせてしまったことが、王朝滅亡の要因であることは明らかだろう。実際、李自成が率いる農民軍が北京に乱入してきた中で、崇禎帝は宮中で危急を知らせる鐘を自ら鳴らしたが、それに応じて「勤皇」に馳せ参じてくる臣下は一人もいなかった。

最後、皇帝に付き添って首吊り自殺の現場までともにいたのは、宦官の王承恩《おうしょうおん》ただ一人。在位の17年間、臣下たちを恣意に粛清したり、斬殺したりして、わがままを通した崇禎帝は、最後、臣下全員に背を向けられたのだ。

しかし当の崇禎帝は死ぬまでに一切の自己反省もしていない。「君は亡国の君ではないのに、臣はみな亡国の臣だ」というのは、彼の残した最後の言葉として史書に記されていた。どうやらこの究極なバカ殿は最後の最後まで、すべての責任を臣下たちに押し付けようとしたのだ。まさに哀れにして愚かとしか言いようがない。

そして筆者が史書に記されている崇禎帝の哀れな最期を目の当たりにして、想起するのは現代の「中国新皇帝」習近平その人である。なぜかといえば、本章を通して見た短気さや狭量さ、そして度量の欠如と卑怯さなど、崇禎帝という青年皇帝が持った性格上の欠点、あるいは人間的欠陥はそのまま現在の習近平皇帝の人となりであり、習近平は高齢ながらも崇禎帝同様、救い難い「欠陥人間」そのものだからだ。

5章

〝無徳・無能〟習近平の素性

無能な異常人格者はどのようにして独裁者になったのか

中国史上における「亡国の君」を取り上げてきたが、いよいよ最後の一人に遭遇する。現代に生きる中国国家主席の習近平（1953年〜）である。

もちろん、彼を主席とする中華人民共和国は依然として健在だから、厳密に言えば習近平はまだ「亡国の君」ではない。しかしこの人物、実はわれわれが本書を通して見てきた、歴史上の「亡国の君」たちの特徴をすべて持ち合わせている。だからこそ将来において、共産党中国は習近平の手で潰れる可能性が大なのだ。

筆者は自らの希望的観測も織り込んで、彼を「赤い王朝」を滅ぼす「最後の皇帝」として扱いたい。彼の政治のあり方を徹底的に考察した上で、共産党政権が習近平によって潰される可能性とは——。

習近平の隠された「異常性格」的な本性

習近平とは一体何者なのか、彼はどのようにして「共産王朝」のトップに立つことができたのか。

習近平は1953年、すなわち共産党政権成立の4年後に北京で生まれる。父親の習仲勲《しゅうちゅうくん》は政権の創建に貢献した「革命世代」の高級幹部の一人であるから、幼少時代の習近平は、まさに「いいとこのボンボン」として恵まれた家庭環境で育った。

しかし1962年、習近平が9歳の時、習仲勲が毛沢東の手によって粛清・収監されたことで、習近平を含めた家族全員は豪邸から追い出され、監視下の苦しい生活を強いられる。1966年に「文化大革命」が始まると、13歳の少年だった習近平は通っていた中学校からも除籍され、著名な「反動分子」習仲勲の息子として紅衛兵たちの吊し上げの対象になり、散々イジメられた。

そして1969年、習近平は北京からも追い出され、陝西《せんせい》省の黄土《こうど》高原にある貧しい農村へと「下放《かほう》」された。それ以来の7年間、村の共産党幹部や村人たちの監視下で、孤独と貧困に耐えながら肉体労働の農作業をさせられた。

これが、22歳までの習近平の遍歴である。優越感たっぷりの共産党高級幹部の家庭で育った一人の少年が父親の失脚で家族とともに社会のどん底に落ち、学校からも追放され、貧しい農村へと追いやられた。考えてみれば、このような遍歴は、当時の習近平にとってあまりにも残酷なものであり、あまりにも激しい浮き沈みだった。

少年時代にそれほど過酷な人生体験を強いられた一人の人間は、そこから立ち上がって立派な人物となる場合もあるが、逆に社会に対する怨念《おんねん》と周囲の人間に対する敵意が心の中に深く植え付けられ、その人格の一部となるケースもあるだろう。習近平の場合、権力者になってからの彼の行いを見ると、おそらく後者のタイプではないか。習近平という人間の異常人格は、このような不幸な少年時代の辛い体験から生み出されたものと思われる。

少年時代の過酷にして不幸な人生体験は、習近平の別の一面をつくり上げた。前述のように、父親の失脚後、習近平はまず家族とともに監視下に置かれ、そして文革が始まると紅衛兵の暴力に怯《おび》える立場になった。

17歳の時に農村へ下放されると、彼は7年間、村幹部と村人の監視下に身を置くことになった。文革の時代を知る中国人なら理解できるが、毛沢東によって粛清された「反動分子」の息子は、どこに行っても政治的抑圧の対象にされる。まわりの誰もがその人のことを精神的にイジメたり、あるいは暴力を振るうことができた。

言ってみれば、まわりが全員オオカミであるかのような環境下で、習近平少年、あるいは習近平青年は生きていくしかなかったのだが、こうした中でどうやって自分の身を守るのか。それが彼にとって最大の死活問題だろう。

そこで習近平は、生きるための知恵から自分自身を守るための特殊な「技術」を開発し、日常的な応用の中でそれに磨きをかけた。

この「技術」とはひと言で言えば、自らの本性を覆い隠し、温厚篤実の仮面を被《かぶ》りながら、愛想の良い恭順の態度をつくり出して、力ある相手に徹底的に媚《こ》びることである。それこそ、習近平が険しい逆境の中で生み出した彼なりの「護身術」だが、実はそれはいつの間にか彼という人間の習性となり、共産党トップに上り詰めるまでの約半世紀間、習近平は環境に応じてこのような「人格」を演じ続けた。

そういう意味で、習近平は本書で取り上げた、出世の過程において儒教的「聖人君子」を演じきった前漢の王莽《おうもう》、そして父皇に取り入れて次期皇帝となるため、質素好きな好青年を演じた隋の煬帝《ようだい》（楊広《ようこう》）とよく似ている。

習近平の場合、生きていくために、あるいは出世のために、横暴なる本性を覆い隠し、温厚と恭順を演出したのだ。

しかしその一方、かつての王莽や楊広がそうだったように、権力取得のために自らの本性を覆い隠し仮面を被った人間は、ひとたび権力の頂点に立ち、自分自身を偽装する必要がなくなると、直ちに仮面をかなぐり捨てて、以前よりも何倍以上にその本

2008年初夏、当時の胡錦濤国家主席が建設中の北京五輪の会場を視察した時、副主席の習近平が随行している場面（YouTubeより）

性を剝《む》き出しにする。

習近平はまさにこのような人間だった。今でも中国のネット上で出回ると、すぐに削除される有名な映像の一つがある。

２００８年初夏、当時の胡錦濤《こきんとう》国家主席が建設中の北京五輪の会場を視察した時、副主席の習近平が随行している場面である。胡錦濤が現場のスタッフたちを相手に演説を行った場面で、一歩下がって後ろに立っている習近平は、両手を前に組んで目線をやや下げ、ずっと卑屈な微笑みを浮かべているのだ。北朝鮮の幹部たちが金正恩《キムジョンウン》の現場視察に随行している際の態度にそっくりそのままである。

しかし、あれから14年後の２０２２年10月、共産党独裁者になった習近平は党大会の閉幕式の衆目環視下で、部下に命じ、いち「無職老人」の胡錦濤を壇上から強制的に連れ出させるという衝撃的な場面が、全世界に報じられた。

長年、温厚と恭順を装ってきたが、絶対的な権力の頂点に立つやいなや、その本性を剝き出しにしただけでなく、今までの「偽装人生」の反動として倍以上に横柄になり、乱暴になる。これが、まさに習近平国家主席の人格そのものなのだ。

親の七光りで出世街道を疾走

話を農村下放時の習近平青年に戻すが、彼の人生に転機が訪れたのは1975年、22歳の時。当時の周恩来《しゅうおんらい》首相の計らいで習近平は「推薦」を受けた形で名門大学の清華大学に進学することができた。その時の彼は中学校を卒業しておらず、最終学歴は小卒のまま。そんな学歴の習近平が大学に入学することができたのである。

習近平が大学2年生の1976年に毛沢東は死に、1979年秋、習近平は大学を卒業した。その時点よりも前に父親の習仲勲は名誉を回復し、共産党高級幹部に復帰していた。習近平は卒業すると同時に、今度は父親の計らいで共産党の中央軍事委員会に採用され、軍事委員会秘書長・副首相である耿飈《こうひょう》という人物の秘書に起用された。その2年半後の1982年、習近平はやはり父親の計らいで地方勤務に転属、河北省正定県《せいていけん》の共産党委員会副書記となった。

そして1985年6月、32歳になった習近平は福建省に転属され、厦門《アモイ》市の副市長に栄転したのだ。厦門市への転属も習仲勲のコネで決まったものだ。

当時、習仲勲の長年の戦友、項南《こうなん》という人物が福建省の共産党トップを務めており、習仲勲は息子のさらなる出世のために項南に託したわけである。そして福建省に赴任すると、習近平は親の七光りと項南のおかげで出世街道を一直線に疾走する。厦門市副市長を3年間勤めた後に寧徳《ねいとく》地区の共産党書記を2年務め、1990年には福建省省庁所在地の福州市に移り、福州市共産党書記を6年間務め上げた後に福建省共産党副書記に昇進した。そして2000年には福建省の省長になった。

この福建省勤務時代は、習近平の地方勤務のもっとも長かった時代である。しかしその間、彼は福州市の最高権力者、あるいは福建省の行政の長として何かの実績を残したのかといえば、実はほとんど何もない。

2017年の党大会で習近平個人独裁が確立して以降、『人民日報』などの共産党宣伝機関が習近平の神格化を図るための宣伝キャンペーンを数年間にわたって展開した。

その中で、彼が共産党総書記になる前の「輝いた実績」がさまざま吹聴《ふいちょう》されているが、大変奇妙なことに福建省における習近平の17年間はほとんど登場しない。さすがの『人民日報』も「実績」があまりに何もないので、「偉大なる指導者・習主席」の実績をつくり出すことができなかったのだろう。

地方幹部としての実績があまりにも乏《とぼ》しかったのか、実はその当時の共産党内における習近平の評判は芳《かんば》しいものではなかった。それを端的に示した一つの出来事がある。1997年に開かれた第15回共産党大会で行われた、中共中央委員会委員と候補委員の選挙でのことだ。

1997年は、習近平が福建省共産党委員会副書記に昇進した翌年だ。実はその時の党大会では、「党内民主」の試みとして、大会に集まった数千人の全国党員代表によって党中央委員と候補委員を選ぶ選挙が実施された。

選挙の結果は習近平にとって悲惨なるものであった。彼はまず、中共中央委員会の選挙に落選し、中央委員に選ばれなかった。習近平のもとで首相を務めていた李克《りこく》強《きょう》はその時、中央委員に当選したから、同じ地方勤務の若手幹部として党内における習近平の評判が李克強よりも劣っていたことは一目瞭然である。

習近平は中央委員よりも一段下の候補委員に選ばれたが、彼にとって大変屈辱的なことに、その当選順位は何と一番下、選ばれた151名の候補委員の最後に習近平の名前があっただけである。しかも、習近平は中央候補委員の選挙にも落選したが、党中央が彼の父親であり古参幹部の習仲勲のメンツを立てるため、習近平の名前を当選名簿の最後に付け加えた、というのがもっぱらの噂だ。

いずれにしても、この一件から、当時の共産党内における習近平の評判がまったくよくなかったことがわかる。ところが、辛うじて中央候補委員になったこのうだつの上がらない地方幹部（習近平）は、誰が予想できたか、15年後の2012年に中国共産党最高指導者の地位にまで登り詰めることになる。

その地位を得ることができたのは、習近平という人の人徳や能力によるものではまったくない。とんでもない「幸運」が「無徳・無能」の人物に降り注いだだけの話である。

中国のトップに立った〝無徳・無能〟の幸運児

凡庸《ぼんよう》な一地方幹部にすぎなかった習近平に舞い込んだこのような幸運は、実は、約

20年間にわたり中国の政治を牛耳った江沢民と江沢民派によるものだった。

習近平に幸運をもたらしたキーマンの一人が、江沢民派大幹部の賈慶林《かけいりん》である。賈慶林は1985年から1996年までの11年間にわたり福建省に勤務、福建省共産党組織部長、福建省長を歴任し、最後には福建省トップの共産党書記を務めた。

そして賈慶林の福建省勤務の11年間は、習近平の福建省勤務期間と完全に重なっており、長い年月における2人の接点が当然、数多くあった。習近平は本領を発揮してお得意の恭順を装い、上司の賈慶林に徹底的に媚びを売った。

こうして賈慶林が福建省の中で昇進していくに伴い、習近平も出世の階段を一つひとつ上がっていく。1990年に賈慶林が福建省の省長代行に昇任すると、同じ年に習近平は福州市共産党書記に昇任した。1993年、賈慶林が福建省共産党書記に昇任し、省内の最高権力者となったが、習近平も同時に福建省共産党委員会常務委員に昇進した。

その時、父親の習仲勲が息子の未来を託した前述の項南はすでに引退していたが、その代わりに賈慶林が習近平の事実上の後見人となった。そして1996年、賈慶林は昔の上司兼親友の江沢民国家主席に声をかけられ、北京市トップに栄転。その後、賈慶林はさらに共産党政治局委員・政治局常務委員へと昇進を重ね、江沢民の側近の一人として中央指導部入りを果たし、いわば「江沢民派」の重要メンバーとなった。

そして賈慶林の地位上昇は、福建省における彼の子分の習近平の台頭にもつながった。

2002年10月、福建省長を2年間勤め上げた習近平は浙江省《せっこうしょう》に転属、省の党委員会副書記・省長代行として赴任した。そこから始まった5年間にわたる彼の「浙江勤務時代」だが、実はその間、彼にはもう一人の江沢民派大幹部と接点ができたのだ。それが同じ2002年11月まで浙江省党委員会書記を務めた張徳江《ちょうとっこう》である。習近平が張徳江の部下として働いたのは1カ月ほどだが、どうやらその間、習近平は媚びに媚びて、上司のお気に入りとなったようだ。

2007年、張徳江は北京に栄転し、共産党中央政治局委員・副総理になったが、その時、前述の賈慶林はすでに共産党中央政治局常務委員になっていた。つまり、習近平を可愛がっている江沢民派大幹部の2人が揃って共産党指導部に入ったのだ。彼らの推薦で、ボスの江沢民はすでに習近平のことに目をかけ、自分の「子分の子分」として認めてもいた。

浙江省で党書記を4年半務めた後、習近平の最高権力への道のりに、もう一つ大きな転機があった。2007年3月、上海市前党書記の陳良宇《ちんりょうう》が汚職事件に巻き込まれて失脚したのを受け、習近平が上海市党書記に任命されたのだ。上海は中国の3大直轄市の筆頭であり、そこの党書記になると、慣例上、共産党政治局委員になる。習近平の中央指導部入りがこれで確実となった。

そしてこの年の11月、中国共産党第17回党大会が開かれたが、大会の後で選出された中央指導部の名簿を目にした時、周囲は大いに驚いた。上海市書記になったばかりの習近平が政治局員はもちろんのこと、その一段上の政治局常務委員にも選ばれていたのだ！

党大会開催前はヒラの中央委員だったが、いわば「二段階飛び昇進」によって中国共産党最高指導部の一員となったのである。

習近平が中国の最高権力に大きく近付いた決定的な一歩だったが、この異例な昇進人事の背後にあったのは、当時の最高指導者、胡錦濤の後継者選びを巡っての江沢民派と胡錦濤派の熾烈《しれつ》な戦いだった。

当時、共産党総書記と国家主席の椅子に座っていたのが胡錦濤である。胡錦濤が前任の江沢民から共産党総書記のポストを受け継いだのは2002年秋の党大会。鄧《とう》小平《しょうへい》時代以来確立している「任期は2期10年」のルールに従えば、胡錦濤は２０１２年秋の党大会で党総書記職から引退し、後継者に譲ることになる。

その一方、後継者となる人物は普通、前もって中央最高指導部に入り、最高権力継承の準備をしなければならない。つまり、胡錦濤が引退する予定の２０１２年党大会の前の党大会、すなわち２００７年秋の党大会で彼の後継者を決めなければならないわけだ。この後継者選出を巡り、胡錦濤派と江沢民派との暗闘が２００６年秋あたりから始まった。

その時の胡錦濤には、意中の後継者がいた。彼をボスとする「共青団（中国共産主義青年団）派」大幹部の李克強である。

１９８５年までに胡錦濤が共青団中央のトップを務めた時、北京大学の在学中から共青団幹部となった李克強は共青団中央の最高幹部の一人であり、その時から胡錦濤の子分となった。その後、李克強が地方に赴き、河南省長・党書記、遼寧省《りょうねいしょう》党書記を歴任した。彼の背後には、常に中央指導部入りを果たした胡錦濤がいた。

そして２００６年あたりから、自らの後継者問題が浮上すると、胡錦濤は何の躊躇《ためら》いもなく、李克強を自分の後継者に推した。北京大学法学部卒で、共青団出身の幹部として河南省と遼寧省の2つの省でトップを務めた経験を積んだ李克強は、胡錦濤からすればまさに申し分のない後継者だった。

しかし、この後継者人事には江沢民派が揃って反対した。反対した理由はほかでもなく、李克強が共青団派の幹部であり、江沢民派とは縁もゆかりもない人物だったからだ。江沢民からすると、胡錦濤の子分で共青団派の幹部が次期共産党トップになれば、江沢民派の時代は確実に終わり、天下は共青団派のものとなる。江沢民派として、それは決して許すことができない。

2007年党大会開催の1年前から、江沢民派は一致団結し、李克強の後継者人事を阻止する作戦に打って出たが、そのために彼らは、李克強の対抗馬として自派閥からの党総書記候補を出さなければならなかった。

候補となるべき人物は、江沢民派である以外にも、ほかに3つの条件が揃ってなければならない。

条件の一つは「地方勤務の経験」。河南省と遼寧省のトップを歴任した李克強の対抗馬としては、地方勤務の経験が豊富な幹部の方が良い。

もう一つの条件は「若さ」。当時の李克強は51歳であり、江沢民派が押すべき人物も李克強と同様の若さでなければならない。

そして何よりも大事な最後の条件は、候補者が共産党トップになってから、江沢民と江沢民派の話に大人しく従うような操りやすい人間でなければならない。

この3つの条件で探した結果、江沢民と江沢民派の大幹部たちが一致して決めた人選が習近平だった。当時の習近平は福建省と浙江省で長く勤務し、地方勤務の経験は李克強にいささかも劣らない。「裏口入学」だが名門の清華大学卒業であり、学歴の面でも李克強に負けない。そして年齢の条件も李克強より1歳上なので、それほど大差がない。

そして江沢民と江沢民派にとって一番のポイントである普段の態度と行いからすれば、温厚にして恭順な習近平こそ御しやすい操り人形にできる絶好の後継者だった。彼らはまんまと習近平の「偽装恭順」に騙されていたのだ。

習近平を後継者と決めた以上、江沢民派の動きは迅速だった。前述のように、2007年3月、上海市党書記の陳良宇《ちんりょうう》が汚職事件に巻き込まれて失脚すると、江沢民派は間髪を入れずに習近平を上海市党書記のポストに就かせた。直轄市上海の党書記は慣例上、政治局員になるから、その時点で習近平の中央指導部入りが約束された。

習近平はこれで李克強よりも次期総書記のポストに一歩先に近付いた。

そして、その時から2007年秋の党大会開催まで、江沢民派は習近平を次期総書記として押すための猛烈な工作を展開した。これに対して、胡錦濤と彼の率いる青年団派は抵抗という抵抗がほとんどできなかった。なぜなら、当時の中央最高指導部は江沢民派のメンバーによって大半を占められていたからだ。

結局、胡錦濤は江沢民派の圧力に屈し、習近平を自らの後継者として受け入れざるを得なくなったが、その引き換えに彼が江沢民派に呑ませた交換条件は、自分の子飼い幹部の李克強を次期国務院総理にしてもらうことだった。

胡錦濤が習近平を最終的に自分の後継者として受け入れたのには、もう一つ理由があった。習近平の父親、習仲勲が共産党元総書記の胡耀邦《こようほう》といい関係にあったからだ。実は胡耀邦は以前には共青団中央のトップを務めたことがある。いわば共青団派の始祖であり、胡錦濤にとって政治上の恩師でもあった。

だから、胡錦濤は習仲勲の息子、習近平に対して反感を最初から抱いていなかった。どうせ江沢民派の誰かが自分の後継者になるなら、習近平の方がまだましだと胡錦濤は考えたのだ。結局、父親の七光りは最後の最後まで習近平の出世の助けになったわけだ。

こうして2007年秋の第16回党大会閉幕の翌日に開催された中央委員会の全体会議で、習近平は李克強とともに共産党政治局常務委員に選出された。そして、発表された新しい政治局常務委員の名簿には、習近平の名前は李克強の前にあったから、中国人はこれで皆、習近平が胡錦濤の後継者として次期最高指導者になることを知った。それから5年後開催の次回党大会における習近平総書記の誕生は、その時点で決まっていた。

「反腐敗」で権力闘争を制した習近平

習近平が正式に共産党総書記に選出されたのは、2012年秋に開かれた共産党第18回党大会においてである。この党大会で前任の総書記の胡錦濤が引退し、習近平は予定通り新しい党総書記・中央軍事委員会主席に就任した。そして翌年の3月に開かれた全国人民大会で、胡錦濤は国家主席のポストを習近平に引き渡した。これで習近平は名実ともに、中国という大国の最高指導者となった。

そしてその日から、権力志向の強い習近平が始めたのが、権力闘争の展開を通じて自らの権力基盤を強化し、独裁政治への道を開くことだった。数十年間、恭順を装って周囲の有力者に媚びばかりを売ってきた彼は、一転、全ての人々を自分自身に媚びさせるような絶対的権力者たることを目指して邁進《まいしん》し始めた。

そのためには、彼は昔からの親友であり、共産党高級幹部の王岐山《おうきざん》を党の中央規律検査委員会の書記に任命し、王岐山との二人三脚で大掛かりな腐敗撲滅運動の展開を始めた。その狙いは、腐敗摘発の大義名分を掲げて腐敗にかかわった政敵を粛清する一方、「話を聞かなかったら、お前らの腐敗を摘発するぞ」と脅《おど》すことで共産党の幹部たちの首根っこを押さえつけ、習近平自身の絶対的な政治権威を樹立していくことにあった。

こうして2012年年末からの約5年間、共産党党内で総書記・習近平と規律検査委員会書記・王岐山コンビの主導下で、凄《すさ》まじい腐敗撲滅運動が展開された。約25万人の共産党幹部が摘発されたのだから、平均して年に5万人の摘発である。

とりわけ標的となったのが、自らを押し上げてくれたはずの江沢民派の人脈につながる幹部たちだ。例えば胡錦濤政権時代の政治局常務委員の周永康《しゅうえいこう》、軍事委員会副主席の徐才厚《じょさいこう》、郭伯雄《かくはくゆう》などは、みな胡錦濤政権における江沢民派の代理人だと知られていたが、習近平は彼らを次から次へと腐敗摘発の血祭りにあげた。

前述のように、習近平・王岐山コンビが江沢民派の幹部を摘発の標的にした理由は実に明快だ。習近平は江沢民派の強い推薦で総書記になったことで、習近平自身が江沢民の子分だと思われていたからだ。つまり習近平からすると腐敗摘発で江沢民派に打撃を与え、その気勢を削《そ》がなければ、自分は永遠に江沢民派の人々と江沢民自身に頭が上がらないし、本当の権力者にもなれないことがわかっていた。

習近平は容赦なく、かつての恩人の江沢民派と江沢民に弓を引くことになったが、「恩人だからこそ潰《つぶ》す」というのは共産党内の権力闘争の鉄則である。

習近平・王岐山コンビによる腐敗摘発は、江沢民派の勢力を削ぐことで大きな威力を発揮したと同時に、共産党幹部全員をねじ伏せておくという当初の目的をも、ほぼ完全に達成できた。共産党の幹部なら腐敗と無縁の者は誰一人いない。叩けばホコリの出る連中ばかりだからである。

習近平・王岐山が腐敗摘発の旗を振りかざしたことで、摘発の手が自分にも及んでくることを恐れた幹部たちは、いっせいに大人しくなって2人に服従する以外にない。

「話を聞かなければ、お前の腐敗を摘発するぞ」という脅しは、いつまでも、幹部たちの頭の上にかかる鋭利な剣《つるぎ》となったのだ。

習近平・王岐山コンビは5年間にわたり腐敗摘発運動を強力に進めた。結果、習近平の政敵は一掃され、飛ぶ鳥も落とす勢いの江沢民派は息を潜《ひそ》めた。そして、腐敗し切った共産党の幹部たちは、一斉に習近平に平伏するようになった。

その一方で習近平は、自分が福建省や浙江省でトップを務めた時代の側近部下らを次から次へと北京に抜擢《ばってき》し、政権の中枢を固めていった。

国家そのものが「習近平の国」に

習近平政権は第1期目を終え、2017年秋、共産党第19回党大会の開催を迎えた。この党大会で誕生した共産党最高指導部の政治局常務委員会では、7人の常務委員のうち4人が、習近平自身を含めた習近平派と、その協力者によって占められた。そして25人から構成される共産党政治局には、胡錦濤の残した共青団派から2名しか入らなかった。一方で習近平派は12人も入り込み、事実上、共産党指導部を牛耳ることになった。

この党大会で「習近平思想」なるものが、党と国家の「指導理念」として改正された党の規約に盛り込まれた。そして翌年3月開催の全人代（全国人民代表大会）では、それが中国の憲法にまで書き込まれた。

小卒学歴の習近平の頭から「思想」という代物が生まれてくるはずもないが、とにかく周辺のブレーンが彼のために代筆したものがまとめられて「習近平思想」が一応形になり、9000万人の党員と14億人の国民を導くための「理念」とされたわけだ。そしてそれによって、小卒の習近平は単なる政治的指導者に止まらず、共産党というカルト集団の「教祖」様に祭り上げられた。

こうして習近平政権の第2期目が始まったが、本来、鄧小平の時代に確立した政治ルールに従えば、共産党総書記は2期10年を務めたら引退し、それに伴い国家主席のポストから退かなければならない。このルールからすれば習近平政権は2期目の終了をもって終わるはずだった。

しかし習近平は引退するつもりなど毛頭なかった。「教祖」となった彼は慣例を破り、終身政権を狙う。そのために、2018年3月に開かれた全人代で、習近平は強引に憲法を改正し、「国家主席の任期は2期10年」という憲法上の任期制限を撤廃させた。そもそも共産党総書記の任期については暗黙のルールがあるが、明文化されたものはない。国家主席の任期制限の撤廃で、習近平は終身独裁体制の確立に対する唯一の「障害」を取り除くことができたのだ。

習近平終身独裁体制確立の総仕上げは、２０２２年10月に開かれた第20会党大会である。党大会以前の共産党政治局常務委員会には、習近平の対抗勢力である共青団派幹部が2人いた。当時の首相、李克強と政治協商会議主席の汪洋《おうよう》である。

しかし第20会党大会で、習近平は年齢が習近平よりも若い2人をともに引退に追い込み、反対勢力を共産党最高指導部から一掃した。それを象徴するような衝撃的な場面が、前述したとおり、長老の胡錦濤が習近平の命令で党大会閉幕式の壇上から強制的に連れ出された一幕である。長老であろうと前任者であろうと、「俺様に逆らう者は容赦なくつまみ出す」という独裁者習近平の横暴と粗野が、余すところなくさらけ出されたのだ。

こうしてできた共産党最高指導部の政治局常務委員会は、習近平と習近平の子分・協力者たちによって固められた。新しく政治局常務委員となった李強《りきょう》、蔡奇《さいき》、丁薛祥《ていせつしょう》、李希《りき》の4人も全員、習近平の子分兼側近。そして習近平とともに常務委員に再任された王滬寧《おうこねい》と趙楽際《ちょうらくさい》は、もともと習近平の忠実な協力者、事実上の習近平派である。

つまり、2022年の党大会で誕生した今の共産党最高指導部は、ほぼ完全に習近平と習近平派によって独占されることになったが、このような極端な政治状況は中国共産党の歴史上でも前代未聞である。以前の毛沢東独裁の時代でさえ、共産党最高指導部には必ず2つ以上の派閥、あるいは勢力が存在した。

そういう意味では、今の習近平独裁は文革期の毛沢東独裁さえ超えているような極端な個人独裁であり、中国共産党は完全に「習近平の党」となってしまったのだ。

また、党大会の翌年3月の全人代では、習近平子分の李強が以前の李克強にとって代わって新しい国務院総理、すなわち首相となった。実は中国共産党政権の歴史上においても、国家主席の子分が首相を務めるのは初めてのことだ。これで「中央政府」としての国務院も完全に習近平の掌中に入り、国家そのものが「習近平の国」となってしまったのだ。

6章

〝裸の独裁者〟習近平の運命

「亡国の君」の特質をすべて兼ね備えた男の未来予想図

前章では、2022年10月の党大会で、習近平が子分と側近を持って共産党最高指導部を固め、完全なる個人独裁体制を確立したことを詳述した。

それでは、こうした異常な政治体制のもとで、習近平は一体どのような政治を行っているのだろうか。また、習近平政治とは、現在、どのような形になっているのだろうか。

まず、習近平独裁体制で見られる政治面での現象の一つが、現代版「宦官政治《かんがんせいじ》」の台頭である。

1章、4章で取り上げたように、中国の長い歴史上、「宦官政治」の跋扈《ばっこ》はよくあったことだ。歴代王朝の宮廷内には皇帝に奉仕する宦官集団が常に存在するが、時にはその宦官集団のトップが皇帝の一番側近となって皇帝の意志を代弁し、皇帝権限の一部あるいはすべてを代行する。こうして宦官が絶大な権力を握り、皇帝を手玉にとって朝廷を支配する。それが「宦官政治」である。

「宦官政治」が成り立つには、一番側近の宦官が常に皇帝の身辺に侍《はべ》り、皇帝への情報伝達ルートを握り、皇帝の意思である「聖旨」の伝達と公布を独占する必要がある。

たとえば1章に登場した秦王朝2代皇帝、胡亥《こがい》を操った趙高《ちょうこう》や、4章の明王朝の天啓《てんけい》帝《てい》を傀儡《かいらい》にした魏《ぎ》忠賢《ちゅうけん》などは宦官政治の典型である。

そして今の中国でも、第20会党大会で習近平個人独裁体制が確立し、習近平が事実上の「新皇帝」となってからは、「習近平王朝」において現代版の宦官政治が出現し、台頭しているのだ。

台頭する現代の「宦官政治」

習近平の一番側近、つまり「筆頭宦官」とは一体誰なのか。共産党政治局常務委員・党内序列５位の蔡奇《さいき》である。

蔡奇は１９５５年12月生まれ。習近平が福建でトップを務めた時代の「古株部下」である。２０１２年秋に習近平が共産党トップとなった後、蔡奇は北京に抜擢《ばってき》され、新設の中央国家安全委員会弁公室副主任に就任した。２０１６年から２０２２年10月まで北京市トップを務め、習近平側近として首都の掌握に尽力した。

２０２２年10月開催の党大会で、李克強ら共青団派幹部が最高指導部から一掃された後、政治局員・北京市党書記だった蔡奇は、党内序列ナンバー5の政治局常務委員に抜擢された。彼はこれで党の最高指導部入りを果たし、政権の中枢に座ることになった。

それと同時に蔡奇は党中央書記処の筆頭書記となり、党の事実上の幹事長役を務めることになった。しばらくして彼は中央弁公庁主任（日本で言えば習近平に仕える官房長官役）にも就任した。

共産党政権では、中央書記処の筆頭書記が中央弁公庁主任を兼任するのはまったく異例なこと、加えて政治局常務委員が中央弁公庁主任を兼任するのはさらに異例で、まさに前代未聞だ。総書記の習近平にとって蔡奇はもはやなくてはならない存在なのである。習総書記の下では彼は事実上、習氏の最側近として人事などを含めた党務を牛耳る立場である。

２０２３年5月20日、習近平は第20期中央国家安全委員会第１回全体会議を主宰したが、この会議で、蔡奇は国家安全委員会の副主席に就任していることが判明した。それまでの第19期中央国家安全委員会には副主席ポストが２つあり、全人代委員長と国務院総理（首相）がそれぞれ副主席を務める慣例だったが、第20期国家安全委員会では副主席ポストが一つ増設され、蔡奇は今までの慣例を破り、３番目の副主席に収まった。

全人代委員長と国務院総理は普段、国家安全委員会の仕事にタッチすることはあまりない。ということは今、習主席の下で、権限絶大の国家安全委員会の実際の運営を司《つかさど》っているのは蔡奇なのだ。これで蔡奇は党務だけでなく、軍・公安にも手を伸ばすことができる。習近平政権の中の一番の「権臣」、政権の事実上のナンバーツーなのだ。

そして最近の蔡奇の動向と仕事ぶりを見ていると、昔ながらの「宦官政治」を実際に行っているのではないかと考えるに十分だ。

例えば2023年9月6～8日、習近平が黒竜江省《こくりゅうこうしょう》を視察した時、蔡奇は指導部メンバーの中でただ一人、習近平の視察に随行した。9月9日、習近平が「東北地方振興座談会」を主宰した時、蔡奇はもう一人の習近平側近、丁薛祥《ていせつしょう》とともに参加。9月20日、21日、習近平が浙江省《せっこうしょう》を視察した時、蔡奇は指導部メンバーの中で唯一、随行した。9月24日、習近平がアジア大会開幕式に出席した時も、蔡奇は丁薛祥と列席した。

このように習近平のいるところに必ず蔡奇がいて、習近平が行くところへ、蔡奇は必ず随行する。習近平にとっての蔡奇の存在は、まさしく昔の皇帝にとっての「筆頭宦官」そのものなのだ。

また、蔡奇は習近平の名代として公の場に頻繁に登場している。

2023年9月13日、14日、「全国党委員会・政府秘書長会議」が北京で開かれ、蔡奇は唯一の政治局常務委員として出席したが、そこで彼は習近平の「重要指示」を参加者全員に伝達した。10月7日、8日、「全国宣伝思想文化工作会議」が北京で開かれたが、蔡奇は最高指導部の中で唯一会議に参加し、演説を行い、習近平の「重要指示」を伝達する大役を仰せつかった。

ここで蔡奇の果たしている役割は、皇帝の意思である「聖旨」を官僚たちに伝える昔の宦官のそれとまったく同じである。

10月9日、中国工会（労働組合）全国代表大会が北京で開幕した時、その開幕式に習近平以下6人の政治局常務委員が出席したが、党中央を代表してスピーチしたのが蔡奇である。「習近平皇帝」はその場に君臨していても、その代弁者は「宦官蔡奇」なのだ。

このように蔡奇は、時には全国会議に最高指導者メンバーとして単独で出席し、習近平の指示を伝達、あたかも皇帝政治の中の筆頭宦官が「聖旨」を独占的に伝達するような立場となっている。時には習近平も自ら出席する会議では「党中央を代表して」

講話を行い、「習近平皇帝」の代弁者・代行を務める。

それほどまでに突出した蔡奇の増長ぶりと権勢の大きさは、史実上の「宦官政治」の台頭を意味している。このような傾向が今後ますます強まると、中国史上お得意の「宦官政治」の跋扈《ばっこ》と、それによる政治の乱れ、そして王朝崩壊の歴史が繰り返されるかもしれない。

1章で詳述したように、秦の始皇帝死後の数年後に、彼がつくり上げた中国史上初めての統一大帝国が音を立てて崩れたが、秦王朝を潰した一番の犯人は始皇帝を騙してバカの2世皇帝を操った宦官筆頭の趙高《ちょうこう》である。

そして、習近平政権の政治はどうやら徐々に蔡奇という「末去勢の現代宦官」の手に落ちているようだ。「習近平王朝」は歴代王朝が崩壊する前の末期症状を示し始めているのである。

愚君・習近平を手玉にとる「宦官」王毅

実は、習近平政権の内政を牛耳っている「宦官」蔡奇と並び、政権の外交を壟断《ろうだん》しているもう一人の「宦官」も現れている。

中央外事工作委員会弁公室主任兼外務大臣の王毅《おうき》だ。習近平と同じ1953年生まれの職業外交官である王毅が、外相に任命されたのは2013年3月の全人代においてである。習近平もこの全人代で国家主席となったから、以来11年間、王毅はずっと習近平の下で中国の外交を担当した。

王毅は習近平の外交路線の忠実な執行者である。習近平外交路線の基本は、一つは「戦狼《せんろう》外交」と呼ばれる強硬外交、もう一つはそれと表裏一体の「連露抗米」外交である。「連露抗米」とはプーチンのロシアと連携し、米国および米国を中心とした西側と対抗する、という意味合いだ。そして「戦狼外交」と呼ばれる強硬外交も、主に米国や西側に対する「強硬」を意味する。

王毅は習政権の外相となってから、習近平の意向を受け「連露抗米」「戦狼外交」の両方を積極的に進めた。「連露抗米」に関して、たとえば2021年1月2日、王毅は『人民日報』のインタビュー取材で「中露間の戦略的協力は無止境、無禁区、無上限である」と指摘、ロシアとの間で軍事協力、同盟関係を含めた無制限の関係強化に向け、中国の強い意欲を示した。

「無止境、無禁区、無上限」の「対露三無方針」は習近平の意向を反映しているが、その一方で、王毅こそ親露外交の旗振り役・推進役であることが示されている。

また「戦狼外交」においても、王毅は11年間、中国の外相として世界中のあちこちで傲慢《ごうまん》にして横暴な態度を露わにし、一番の「戦狼」となって戦ってきたのだ。

習近平外交の忠実な執行者であるからこそ、王毅は11年間の長きにわたって外相を務めることができたのだ。王毅は後述の事情で約半年間だけ外相職から離れたことがあるが、結局外相に返り咲き、今でもその座に止まっている。内政上の宦官蔡奇と同様、王毅も習近平にとって欠かせない人物となっているようだ。

しかしそうは言っても、2022年秋の党大会後、習近平は、実は2回ほど王毅に取って代わる新しい外相人事を実施したことがある。それと同時に習近平は、王毅が一番の推進役になっている「連露抗米」からの路線修正を図ったこともある。

一つずつ見ていこう。

2022年12月、党大会閉幕の2カ月後、習近平は突如、王毅を中央外事工作委員会弁公室主任に「昇格」させた上で、当時の駐米大使の秦剛《しんごう》を新しい外相に任命した。

本来、新外相の任命は翌年3月の全人代で行うべきだが、習近平はそれを待たずに外相の交代を急いだ。その1カ月前の11月、習近平が国際会議で米国のバイデン大統領と会談し、両国間の関係改善に合意したからである。つまり、駐米大使の任にある秦剛を新外相に起用したのは、それまでの「親露抗米路線」から脱出し、対米改善を図るための人事でもあった。

そして秦剛は外相就任後、習近平の意向を受けて早速動き出した。彼はまず、外相就任2日後の2023年元日、米国のブリンケン国務長官と電話で会談し、新年の挨拶を交わしたと同時に「米中関係の改善と発展」に期待を寄せた。一番の親密国家であるはずのロシアをさしおいて、中国の新外相が真っ先に電話した相手が米国の国務長官だったのだ。

米中外相電話会談から8日後の1月9日、秦剛は初めてロシア外相との電話会談に臨んだ。同じ9日にパキスタン、韓国の外相とも電話会談を行ったことで、ロシアとの関係を「特別視しない」という中国側の姿勢がうかがえた。

中国側の公式発表では、秦剛がロシアのラブロフ外相と電話会談したのは「予約（要請）に応じて」のことであるという。「向こうからの要請がなかったら電話会談をやっていないかもしれない」ということを暗に示唆する表現だが、わざとそれを強調するのはロシアとの距離感を示す狙いがあったのだろう。

そして中国外務省の公式発表によると、秦剛は電話会談中、「中露関係の高レベルの発展」に意欲を示した一方、「中露関係の成り立つ基礎」として「同盟しない、対抗しない、第三国をターゲットとしない」という「3つのしない」方針を提示したという。秦剛が示したこの対露外交「3つのしない」方針は、習近平政権の「連露抗米」路線からの転換を意味する。前述のように、王毅が以前、対露関係の「無止境、無禁区、無上限」=「三無方針」を打ち出したが、新外相の秦剛が持ち出した「3つのしない方針」はどう考えても、王毅の「三無方針」に対する否定であり、取り消しでもあった。

秦剛は習主席の意向を受けてそのような方針を提示したわけだ。習政権は長年の「連露抗米」戦略を放棄し、米国との関係改善を図る一方、ロシアとの親密すぎる関係を見直す方針に転じたと理解できよう。前駐米大使の秦剛を新外相に任命したのは、外交方針転換の一環であったのだ。

それ以来半年間、秦剛外相はおおむね習主席の方針に従ってロシアと一定の距離を取りながら対米改善の外交を推進したが、それが中断されたのが2023年7月のこと。習近平が突如、秦剛外相を解任したからである。

秦剛の外相解任事件は今でも謎が多く、全容は判明していないが、今までの情報を総合すると、王毅とその一派が秦剛の「愛人スキャンダル」を米国のスパイ工作と関連づけて習近平に告げ口したことの結果のようだ。つまり、王毅は秦剛を嵌《は》めることで、習近平による新外相人事を潰したのだ。秦剛解任の結果、王毅は外相に返り咲くことができた。一度退任した外相が戻ってくることは、中国外交史上、実に異例なことだった。

この時点で、自らの行った外相人事が潰されたのは習主席の方であり、外相復活の王毅はむしろ勝者だと見ていい。そして外相復帰が正式に発表された前日の7月24日、王毅は訪問先の南アフリカでロシア高官と会談した中で「中国とロシアはこれからより一層の戦略的意思疎通を図り、共同で覇権・強権に反対しよう」と語り、反米での中露共闘を呼び掛けた。

つまり、外相復帰と同時に王毅は「親露抗米」路線の復活を宣言したが、この時点で、習主席自身が模索したはずの親露外交からの路線修正が一度潰され、「独裁者」習近平は「臣下」王毅との駆け引きに敗れたのである。

一度失敗した習近平は、外相人事の交代をもう一度模索した。2024年に入ってからのことである。1月24日、中国共産党対外連絡部の劉建超《りゅうけんちょう》部長が、日本から来た新任の金杉憲治《かなすぎけんじ》駐中国大使と北京で会談。金杉大使はその前の1月12日、中国外務部の孫衛東《そんえいとう》副部長と会談したが、中国高官と会談するのは劉氏が2番目だ。

共産党対外連絡部は、中共が外国の政党や政治団体に対して「党外交」を行うための部門だ。その交渉相手は本来、諸国の外交部門でもなければ、外国の全権大使でもない。現役の王毅外相が日本の中国大使と会談すべきところを、劉部長が会談に臨んだことは越権行為以外の何ものでもない。王外相の縄張りを侵《おか》す行為だととらえることもできる。党内地位が政治局員の王毅より断然下の劉部長がこんなことができたのも強力な後ろ盾があってのことであり、それが習近平本人である可能性は大きい。

つまりこの時点で、習近平は王毅に取って代わる新外相として劉建超に目をつけたのではないかと思われる。そして習近平が模索したこの人事交代は、王外相の下で再び進められている「親露抗米」路線からの脱出を意図するものだろう。

実際、劉部長は2024年1月8日から訪米した際、ブリンケン米国務長官などの米高官と会談し、「米中両国は敵ではない」と語った一方、米国での講演で「中国は米国に取って代わる新秩序の構築を目指さない」とも述べ、腰を低くして「米中改善」

を大いに訴えた。

この流れで習近平は本来、２０２４年3月開催の全人代で再び外相の交代を行い、劉建超を新外相に任命した上で、新外相の記者会見を通じて対米改善をアピールすべきところだった。全人代はもともと政府関係の人事交代や政策発信の最適の場でもあるからだ。

しかし結果は大変意外なものだった。結局、外相の交代は一切行われずに、王毅は70歳の高齢にもかかわらず激務である外相の椅子に座り続けることになった。こうなると王毅は、中国建国後の12人の歴代外相の中で、在任期間が2番目の長さになるのが確実、鄧小平《とうしょうへい》の時代以来、平均5年の外相任期をはるかに超え、11年以上も外相を務めることになる。

習近平は絶対的独裁者でありながら、二度も外相の交代を模索し、二度とも失敗に終わってしまった。王毅を一度解任しても復活させるしかなかったし、今後も外相として使うしかない。これで王毅は事実上、中国外交部の「ドン」となり、中国外交を牛耳るのだが、その一方、習近平は国家元首としての自分が模索している外交方針の転換が、一部下の王外相の抵抗にあって頓挫《とんざ》し、「新皇帝」でありながら、一「臣下」

に振り回されている格好である。

いわば「習近平外交」は王毅に乗っ取られており、外交政策の面では今後も引き続き、王毅が旗振り役の「親露抗米」路線がしばらく続くことになるだろう。

中国の歴史上、愚かな君主の心の底と人間的弱点を見抜き、恭順を装いながら君主を手玉にとってわが権勢を振るうという老獪《ろうかい》な「宦官」がよく現れるが、「内政面の宦官」蔡奇と同様、どうやら外交の王毅も「宦官」の一人となっている。

一方で、「新皇帝」の習近平は2人の「宦官」に内政と外交の両方を乗っ取られることになり、いずれ宦官によって王朝を潰された秦の始皇帝親子の二の舞になるのではないだろうか。

側近の首相にまで疑心暗鬼の習近平

以上のように、現在の独裁者習近平は蔡奇と王毅という2人の「宦官」によって内政と外交の両面を乗っ取られた格好になっているが、その一方、習近平は自分の側近に対して疑心暗鬼になり、強く警戒する異常な一面も持ち合わせている。

例えば、長年の側近である李強《りきょう》首相に対する習近平の態度は、その典型例の一つだ。

李強は浙江省出身の幹部であり、習近平が２００３年から２００７年までに浙江省トップの共産党委員会書記を務めた時、李強は党委員会の秘書長として習近平に仕え、日本風に言えばまさに「女房役」として習近平を支えた。それ以来、李強は習近平の子分・側近の一人となり、２０１２年秋の党大会で習近平政権が成立すると、李強は習近平側近として順調に出世街道を歩いた。

２０１２年に代省長（省長代行）、２０１３年に浙江省行政トップの省長に昇進し、２０１６年には江蘇省党委員会書記に任命され、地位がさらに上がった。そして２０１７年の党大会では、李強は習近平によって党中央政治局委員に抜擢され、中央指導部入りを果たしたと同時に、最大経済都市の上海市党委員会書記に栄転した。

２０２２年10月の党大会では、彼は中央政治局常務委員に昇格し、習近平に次ぐ党内序列ナンバーツーの地位に上り詰めたのである。そして２０２３年3月の全人代で、李強は国務院総理、すなわち中央政府の長になって現在に至っている。

こうしてみると、李強は本来、前述の蔡奇と並び、習近平の「古参子分」としてボスから厚い信頼を受けているはずだが、李強が首相になってから、習近平は彼に対する猜疑心《さいぎしん》、警戒心をあらわにしているのだ。

中国共産党政権では、昔から政権運営に関して暗黙のルールがある。その一つは、政権ナンバーワンとナンバーツーが同時に北京を離れるのを極力避けることだ。特にナンバーワンが外遊する場合、ナンバーツーは北京にいて、その留守番をするのが慣例である。また、国家主席と首相の両方が同時に北京から離れるようなことをしないのも普通だ。たとえ何かの不測の事態が発生した場合でも、ナンバーワンとナンバーツーのどちらか、あるいは主席と首相のどちらかが北京の政権中枢に必ず「鎮座」している。それは政権を守るため、万が一の不測な事態の発生に備える必要措置なのだ。

これまで、歴代政権はおおむね慣例に従ってトップクラスの指導者たちの日程組みをしているが、3期目の習近平政権の下では異変が生じている。政権のナンバーワン、国家主席の習近平が外遊に出かける際、それに合わせたかのような形で、政権ナンバーツーの李強首相もあえて北京を離れた。しかも、これが一種の「新しい慣例」になっているようなのだ。

その実例を時系列で見てみよう。習主席は2023年8月22～24日に南アフリカを訪問し、国際会議に参加。同じ22～24日、李首相は北京を離れ、広東省を視察。

同年11月14〜18日、習主席はサンフランシスコを訪問、米中首脳会談を行い、APEC（アジア太平洋経済協力）首脳会議にも出席。一方の李首相は14〜16日、黒竜江省など東北地方を視察。習主席よりも早く北京に戻っているが、両トップの北京同時不在は3日間にも及んだ。

同年12月12、13日、習主席は北京を離れてベトナムを訪問。李首相は12日には習主席が途中欠席した「中央経済工作会議」に出席したが、13日からは早速、四川省《しせんしょう》視察に出かけた。両トップが同時に北京を留守にする事態が再び発生したのだ。

以上、2023年8月から年末まで、習主席が3回にわたって外遊したが、3回とも李首相はそれに合わせたかのように北京を留守にし、不急であるはずの地方視察に出かけた。これは極めて異例にして異常な事態である。

本来なら側近のナンバーツーとして習主席の北京留守を預かる立場の李首相が、自分自身の判断で「留守番役」を放棄し、わざと北京から離れたとはとても考えにくい。習主席の意向に従って北京から離れたのだろう。

しかし本当にそうであれば、その意味するところは実に重大である。習主席は側近の李首相を本心ではまったく信用しておらず、自分の北京留守中には李首相も北京から追い出さなければならないと考えているわけだ。おそらく習主席は自分の北京留守中に、李首相がその政権ナンバーツーの立場を利用し、習主席自身の立場を脅《おびや》かすような、あるいは習主席に不利をもたらすような政治活動を行うことを警戒しているのだろう。

２０２３年9月、G20がインドで開かれた際、それまで毎年必ず出席していた習主席は異例の欠席となり、李首相を出席させた。それも同じ理由であろうと考えられる。つまり、習主席が自らの政権掌握にいまだに自信を持っていないことを意味し、側近すら信用しない重度な疑心暗鬼に陥っていることを示している。

そして12月18日、習主席は北京で香港行政長官による年に一度の「職務報告」を「聴取」したと『新華社通信』『人民日報』が報じた。その時、李首相も同席したが、「聴取者」はあくまで習主席であって李首相ではない。

２０２２年までに、香港行政長官の「職務報告」は国務院総理＝首相が聴取してから国家主席が聴取する慣例だったが、２０２３年に李強が首相になると、単独で香港行政長官の報告を聞く権限を習主席によって取り上げられたようだ。習主席の李首相に対する警戒、押さえ込みはもはや露骨にして極端である。

このように習近平は、自ら首相に抜擢したはずの側近の李強にまで疑心暗鬼になる一方、本来なら首相が管轄する範囲内の国政から李強をしばしば排除するような露骨な挙動にも出ている。

例えば、２０２４年1月16日、中国共産党中央党校の「省・部級主要幹部の金融発展推進学習班始業式」が北京で開催された時の話である。

この始業式には習近平以下、６人の中央政治局常務委員と政治局委員、全人代副委員長、国務委員、政治協商会議副主席、最高裁判所裁判長、最高検察院院長、中央軍事委員会委員らが揃って出席したという。このように、会議は「金融問題」の範囲をはるかに超えて、いわば政権挙げての「最高国務会議」の様相を呈した。

しかしながら、この最高レベルの重要会議に、本来なら一番に出席すべき人物が欠席した。政治局常務委員・国務院総理（首相）の李強である。金融をテーマとする「最高国務会議」に、首相が出席しないのは普段ではあり得ないことだ。

李強の日程を調べると、彼は1月14日から公式訪問と国際会議参加のためにスイスを訪れ、16日当日は確かにスイスにいた。それが彼による重要会議欠席の表向きの理由にはなる。しかしよく考えると、前述の始業式は全く緊急性のない会合のために、本来、李強がスイスを訪問する前に開くこともできるし、彼の帰国後で開いても別に遅くはない。

結局のところ、首相の出席すべき会議が李首相の留守中に開催されたことは、最初から李首相を外しておきたい前提で開催されたのではないかと思われる。

もちろん、わざと李首相の留守中のタイミングを選び重要会議開催日程を決めたのは習近平であるはず。つまり習主席は、自らの腹心の李首相を、政権を挙げての最高会議から意図的に外したのだ。

あまりにも狭量な器

実は、習主席が李首相を金融関係の重要行動から外したことは以前にもある。2023年10月24日、習主席は何立峰《かりつほう》政治局員・副首相の随行で中国人民銀行（中央銀行）と外貨管理局を訪問したが、その時も、李首相はその場にいなかった。

中国では、人民銀行と外貨管理局は両方とも中央政府である国務院下の所属機関で、いずれのトップも、その上司は国務院総理、すなわち首相である。従って普段、人民銀行や外貨管理局を訪問して視察したり、現場指導を行ったりするのは首相の権限内の仕事である。さすがの共産党政権下でも、主席が首相管轄下の部門に直接にタッチしないのは、それまでの暗黙のルールであり、一般的な慣例だ。

習主席による前述の人民銀行・外貨管理局訪問は、それまでのルールを破った異例な行動だが、首相の李強が主席の訪問に随行しなかったことは、さらに異様だった。李首相が人民銀行・外貨管理局の管轄責任者なのだから、主席の両部門訪問・視察に立ち会うのは普通である。李首相が習主席の側近中の側近であればなおさらだ。

その時の李首相の活動日程を調べると、彼が10月24日の午後に外国訪問のため、北京から出発したと報じられている。逆に言えば、習主席はわざと李首相が北京を離れた日を選び、李首相の「縄張り」であるはずの人民銀行・外貨管理局を訪問し、露骨な「李首相外し」を行ったのだろう。

その意味するところは、中国経済の心臓部門である金融の管理に関して、習近平は側近の李首相をもはや信頼しなくなっているというわけだ。李首相を外した形で、来《きた》るべき金融危機などへの対応に自ら乗り出したのだ。

しかしよく考えてみると、それはいかにも奇妙な話だろう。以前の首相である共青団派の李克強ならいざ知らず、李強は紛《まぎ》れもなく習近平に長年、追随した側近中の側近で、習近平から首相に任命された人物だ。このような側近の首相までも信用せずに警戒しているのであれば、習近平という独裁者はどれほど異常な心理状態にいるのかがよくわかる。

4章で、明王朝最後の皇帝の崇禎帝《すうていてい》はあまりにも狭量であるがゆえに、大臣たちの誰に対しても疑心暗鬼になったことを見た。そしてそれが、崇禎帝の手で明王朝を潰してしまった原因の一つであることも述べた。

その上で、今の新皇帝・習近平の人の使い方から見ると、崇禎帝とそっくりそのままの暗君であることがよく分かる。

中国では昔から、度量の大きさによって、リーダーたる人物の優劣をランクづけて評価する考え方がある。

その際、一番に評価されるリーダーは、度量が大きく、人の使い方がうまい。度量が大きいから、自分と考え方や派閥の違う人間であっても、有能であればそれを積極的に採用し、使いこなす。例えば曹操《そうそう》は、このような度量の大きいなリーダーの模範の一人だった。

実は同じ中国共産党の指導者の中でも、毛沢東は稀代《きだい》の悪党でありながら、度量は飛びきり大きかった。周恩来という傑物を長年にわたり首相として使いこなしたのは、毛沢東終身政権が27年間も続いた秘訣の一つである。必要さえあれば、毛沢東は鄧小平という反骨の「異分子」まで重用したこともあり、リーダーとしては一流だった。

それよりランク付けが下となる2流のリーダーは、有能な人材を使いこなすことができない。度量が小さいために、飛びきり有能な人間が自分の地位を脅かすことを恐れるからである。そういうリーダーは結局、自分の信頼する側近や子分だけを使うが、その際、リーダーとしてやるべき最低限のことは、側近を重要ポストに起用するならせめて全幅の信頼を置いて仕事を任せることだ。それができるリーダーは2流でありながらも最低限、リーダーとしての役割を果たすことができる。

しかしこの最低限のことすらできないのが、習近平のような3流以下の最低のリーダーだ。自分の側近しか使うことができず、しかも、自分の側近すら信用せず、仕事を任せることができない。結果的に側近はボスの顔色ばかりをうかがって自主性を全く発揮できず、何一つ成果をあげることもできない。

このようなリーダーの下では組織は徐々に機能不全になり弱体化する一方だが、最終的に組織自らが崩壊するほかない。国家も同じである。崇禎帝の明王朝はこれで崩壊したし、習近平の「赤い王朝」もその二の舞になりかねない。習近平はどう考えても、崇禎帝と同様の「亡国の君」なのだ。

軍と国家を潰す習近平の政治的〝粛清狂〟

習近平の政治が亡国の崇禎帝の治世と大変類似している点がある。それは自らの抱える深刻な人間不信から臣下たちに対して常に疑心暗鬼になり、そのために無意味な政治粛清を過剰にやってしまうことだ。

4章でも記したように、崇禎帝在位の17年間、高級官僚の更迭《こうてつ》が頻繁に行われた。例えば、兵部尚書（国防大臣）が14人更迭され、刑部尚書（法務大臣）は17人も更迭された。あるいは北部防備の要《かなめ》となる薊鎮《そちん》の総督を、崇禎帝は1年のうちに5人も更迭した記録が残っている。そして、中央政府の要である首補（首相）職となると、崇禎帝はその在位の17年間、なんと50人を更迭し、使い捨てにした。

その一方、多くの大臣が崇禎帝の手で殺された。その中には、首補（首相）の2人、総督の7人、そして巡撫《じゅんぶ》の11人が含まれていた。276年間の明朝史上、皇帝によって殺された首補は4人しかいないが、その半分の2人が崇禎帝の手で処刑されたのだ。

このような無闇で過剰な粛清が、明王朝に必要な人材を潰し、官僚集団全体の士気を徹底的に崩壊させ、結果的には明王朝の滅亡につながったことは4章で分析した通りである。

そして、新皇帝習近平も崇禎帝の轍《てつ》を踏み、狂奔《きょうほん》し始めているのだ。

たとえば前述のように2023年7月、習近平は、その半年前に自ら任命した秦剛という外相の首を切った。秦剛がどこにいるのか、生死すらも分からないが、とにかく習政権3期目で首を切られた最初の大臣、そして中華人民共和国史上最も短命な外務大臣となった。

9月になると、習近平は李尚福《りしょうふく》という国防大臣を解任したが、就任してからわずか半年のことだった。

この2人以外にも、2023年内、そして翌年の1月までに解任された中国の大臣、あるいは大臣級の高級幹部が数多く存在している。財政部（省）大臣の劉昆《りゅうこん》、科学技術相の王志剛《おうしごう》、民政部（省）大臣の陸治原《りくじげん》、文化・観光部（省）大臣の胡和平《こわへい》……。

そして中央銀行である人民銀行行長（総裁）の易綱《えきこう》が2023年に解任、中国証券監督管理委員会主席の易会満《えきかいまん》は2024年1月に首を切られた。彼らは全員、2023年3月の全人代で大臣に選出、あるいは再選されたばかりだったが、あっという間に習近平の手にかかってポストを失った。その中には何らかの名誉職に「栄転」できた人物もいるが、大半はそのまま消えてしまった。

前述の秦剛と李尚福の2名を含め、2023年3月の全人代から2024年1月までの10カ月間、中国の大臣（あるいは大臣級）が8人も首を切られたのだが、毛沢東による大粛清が行われた文化大革命の時期を除き、短期間でこれほどの大人数の大臣が粛清の憂き目にあったのは初めてのことである。2022年秋の党大会で自らの個人独裁体制を完全に確立したはずの習近平は、むしろ明王朝の崇禎帝よろしく、より一層の「粛清魔」に取り憑《つ》かれているようだ。

中でも、2024年1月、習近平が突如、前出の中国証券監督管理委員会主席の易会満の首を切ったのは、その「粛清魔」の典型例の一つである。

上海市場での株式暴落を受け、習近平は自ら緊急の対策会議を開いたが、証券市場管理の責任者である易会満が、暴落の理由について、外資の激減や経済失速などの客観的要素を述べたところ、激怒した習近平は易会満を面罵《めんば》した上で、その場で彼の解任を宣言した。中国国内でも有名な話である。

もちろん中国の官僚と国民は皆、知っている、中国株を暴落させた真犯人はむしろ習近平その人であると。後述するが、彼の推進したさまざまなバカげた政策によって、中国経済は沈没すべくして沈没したのだ。

だからこそ、中国で株が下落するたび、ネット上で一般の投資家たちが口を揃え「あの人さえ死んでくれれば株が上がるのに」と嘆くのである。もちろん、この場合の「あの人」とは、ほかならぬ習近平のことを指している。

結局、習近平は自分の責任を棚上げにし、あるいは自分こそが株暴落の原因であることを自覚せず、暴落の理由を客観的に説明した担当者の首を会議中に切ってしまった。「臣下」に対する彼の乱暴や横暴さは、明王朝の崇禎帝に優ることはあっても劣るところはない。

これでは株式市場だけでなく、中国経済全体が良くなるはずもないし、中国という国自体がますます傾くほかない。日本人の我々からすると、習近平は実にありがたい「好皇帝」なのである。

エスカレートする習近平の軍粛清

中央政府の幹部たちの粛清を頻繁に行う一方、実は2023年7月から、習近平は軍に対する粛清も大々的に展開した。

それはロケット軍のトップの人事交代から始まった。

2023年7月31日、中央テレビ局が伝えたところでは、解放軍のロケット軍司令官と政治委員というツートップの人事交代が行われた。軍司令官の李玉超《りぎょくちょう》に取って代わり、前海軍副司令官の王厚斌《おうこうひん》が新しい司令官に、南部戦区の副司令官だった徐西盛《じょせいせい》が新しい政治委員にそれぞれ就任した。新任の2人は同時に、習近平主席により上将（大将）の階級を授与された。

ロケット軍は中国軍内で陸軍・海軍・空軍と並ぶ第4の軍種であり、核兵器や短距離ミサイル・弾道ミサイルの管轄・運用を担当する。以前は「第二砲兵部隊」と名付けられ、特殊部隊としての位置付けだったが、2015年、習近平政権の下でロケット軍に昇格した。習近平がやる気満々の「台湾併合戦争」で、ロケット軍は大変重要な役割を果たすことを「期待」されている。

しかし、この虎の子のロケット軍で、前述のトップ交代が唐突に行われた。更迭された前司令官の李玉超が司令官に就任したのは2022年1月。就任してわずか1年7カ月での交代劇である。

さらに前任の周亜寧《しゅうあねい》が司令官を務めた期間は4年4カ月（2017年9月～2021年12月）、周亜寧の前任の魏鳳和《ぎほうか》は「第二砲兵部隊」時代の2012年から司令官となり、ロケット軍に昇格後も引き続き司令官を務め、5年以上にわたって司令官を在任した。これらの例と比べれば、就任してからわずか1年7カ月の李玉超前司令官の更迭は、極めて異例な人事であることが分かる。

そしてこの交代劇で最も摩訶《まか》不思議なのは、習主席が実施した新しい司令官・政治委員人事である。前述の通り、習主席がロケット軍の新しい司令官に任命したのは前海軍副司令官の王厚斌、新しい政治委員に任命したのは南部戦区の前副司令官であった徐西盛である。問題は、両氏ともはロケット軍で勤務した経歴がまったくなく、専門性・技術性の高いロケット軍の運用には無知識・無経験なのだ。

特に司令官の王厚斌の場合、ロケット軍司令官となった以上、今後、いざという事態では作戦全体の指揮をとる立場だが、海軍一筋で畑違いの彼にロケット軍の作戦指揮を取れるはずもない。

今までのロケット司令官人事を調べてみれば、魏鳳和・周亜寧・李玉超の3代の司令官は全員、解放軍入隊の時点から第二砲兵部隊に入り、数十年間の経験と実績を積んで叩き上げの司令官になった。しかし、海軍出身の畑違いの司令官がロケット軍に君臨したことは、まさに前代未聞の異常事態である。

それでも習主席があえてこのような唐突な人事を断行した理由はどこにあるのか。

一つ考えられるのは、習主席は今のロケット軍の上層部全体に対して強い不信感を抱いているということだ。ロケット軍の将校集団をまったく信用していないからこそ、現役の副司令官など生え抜きのロケット軍上層部から司令官・政治委員を起用しないのだろう。

そして、この年の年末になると、習近平による軍粛清の全容がほぼ判明し、ロケット軍全体に対して習近平が深刻な不信感に陥っていることが証明された。

2023年12月29日、中国第14次全人代常務委員会が「第2号公告」を公布した。その中で、9人の高級軍人の全人代代表の資格を罷免《ひめん》し、全人代におけるそれぞれの職務を免職すると発表した。

中国の政治体制下では、全人代代表の資格を罷免されることは事実上の失脚を意味し、おそらく全員がすでに拘束・軟禁の上で取り調べを受けていると思われる。しかも、習近平政権の下でも、高級軍人がそれほどの大人数で一斉に粛清されたのは初めてのことだ。

粛清された9人の高級軍人のうち、5人はロケット軍関係者であり、2人は中央軍事委員会装備発展部の幹部である。

ロケット軍関係者で粛清されたのは次の人々だ。李玉超前司令官、李伝広《りでんこう》前副司令官、呂宏《りょこう》前装備部長。そして周亜寧元司令官、張振中《ちょうしんちゅう》元副司令官。装備発展部関係者で粛清されたのは、張育林《ちょういくりん》前副部長、饒文敏《じょぶんびん》副部長である。そして、2023年9月に失脚した前国防相の李尚福が同年2月まで装備発展部部長を務めており、装備発展部関係者が失脚したのは合わせて3人ということになる。

2023年の習近平の軍大粛清は、ロケット軍と解放軍の装備発展部に集中していることがよく分かるが、その理由はロケット軍と装備発展部の上層部がグルになって深刻な汚職・腐敗をやっていたことにあるのだろうと推測される。

理由がどうあれ、軍粛清により門外漢の新司令官がやってきたことで、中国軍のロケット軍がしばらく機能不全に陥ったことは確実である。さらに、全軍の装備調達を担当する装備発展部が腐敗まみれであり、それに対する摘発が拡大すれば、中国軍全体がますます混乱状態に陥り、習近平と軍全体の相互不信や対立が高まることも十分にあり得る。

2024年3月には、ロケット軍司令官を務めた元国防相の魏鳳和《ぎほうわ》の失脚も確認された。習近平の軍粛清が、今後どこまでエスカレートするか予断を許さない。

以上のように、習近平は、2022年10月の党大会で絶対的な個人独裁体制を強固なものにして以来、わずか1年半で、政府高官と軍の両方に対する無闇な粛清を実行した。それは今後も継続・拡大していく見通しである。

現に、2024年早々の1月8日、習近平は腐敗や汚職の摘発を担う中央規律検査委員会の全体会議で、国内の腐敗問題について「依然として深刻で複雑だ」との厳しい現状認識を示した上で、「持久戦」という言葉を持ち出し、「粘り強く努力し、反腐敗の長い闘争に断固として勝利しなければならない」と力強く語った。

つまり習近平はここで、反腐敗闘争、すなわち粛清の「持久戦」の展開を宣言したのだが、反腐敗という名の政治粛清の展開は、今後も習近平政治の中心テーマの一つであり続けるだろう。

習近平は4章の「粛清魔」崇禎帝と同じ道を歩むことになるが、そのたどり着くところは「亡国」であることは、崇禎帝の結末によって示されている。

むしろ、筆者は習近平を大いに「応援」したい気持ちになっている。日本から中国のバカ皇帝に向かい「亡国するまでしっかりと頑張れ」と声援を送るほうが、日本の国益に適うからだ。

無駄と災難を生む「好大喜功」的性格

前述のように、深刻な人間不信から「粛清魔」となった点では、習近平は亡国の崇禎帝とそっくりそのままだ。

実はもう一つの点で、習近平は同じ亡国の君、隋の煬帝《ようだい》とよく似た面がある。それは、とてつもなく大きなプロジェクトや、世の中をあっと言わせるような手柄を立てることが三度の飯よりも好きという、いわば「好大喜功《こうだいきこう》」である。

習近平が「師」として仰ぐ毛沢東にも、「大躍進運動」や「文化大革命」を発動したことを通して「好大喜功」の一端がうかがえるが、習近平のそれは毛沢東に勝ることはあっても劣りはしない。

習近平がトップになってから推進した「雄安《ゆうあん》新区計画」は、その典型例の一つだ。「雄安新区計画」とは、習近平が政権2期目のスタートを飾るために打ち出した「世紀の巨大プロジェクト」である。北京から南西へ約100キロ離れたところ、河北省の雄県、栄成《えいせい》県、安新《あんしん》県の3県にまたがる区域で大都会一つを丸ごと新造し、首都北京の経済・文化・教育機能の大半をそこに移すというものだ。

当初予定している開発総面積は1770平方キロメートル、東京23区の面積の約2・8倍である。計画は2017年4月から本格的にスタートし、2035年の完成を目指しているという。つまり習近平は、わずか18年間で東京23区3つ分に相当するほどの超巨大都市を一からつくろうとしているのだ。

それだけ見ても、習近平はどれほど「好大喜功」の指導者かがよく分かるが、本人はさらに気を大きくして「千年の大計」という言葉を持ち出し、この巨大計画を自賛している。中国の長い歴史上、「百年の大計」という表現を使って自らの推進するプロジェクトをアピールする皇帝様も数多くいたが、「千年の大計」だと豪語した為政者はほとんどいない。

隋の煬帝が開削した大運河は今でも使われており、確かに「千年の大計」の一つに数えられるが、それでも生前の煬帝自身は、決して「千年」云々などという言葉を吐いたことはない。言ってみれば習近平の「好大喜功」は、実際のやることにしても言葉の使い方にしても、隋煬帝をはるかに超えているのだ。

習近平肝煎《きもい》りのこの巨大計画は、2024年3月の時点でスタートから7年が経ったが、習近平政権はすでに6700億元、日本円にして約14兆2331億円を投入している。「世紀の巨大プロジェクト」であり、三峡ダムの建設費用の3倍以上になっている。

しかし、これほどの巨大資金を注ぎ込んだ「雄安新区計画」は、今どうなっているのか。2024年1月10日、米メディアの「ブルームバーグ」が現地取材に基づき「雄安新区」に関する記事を掲載したが、そのタイトルはずばり「習氏の理想都市は空っぽ、権力の限界露呈」である。新区の現在の様子については次のように記している。

「かつてトウモロコシ畑だった場所には現在、鉄道駅やオフィスビル、集合住宅、5つ星ホテル、学校、病院が立ち並んでいる。

唯一足りないのは住民だ。ブルームバーグの記者が今月の平日に訪れた際、雄安に向かう高速道路にはほとんど車が走っていなかった。雄安中心部の通りで開いている店やレストランもほとんどない」

偉大なる習近平皇帝の肝煎りである雄安新区は、ただのゴーストタウンと化しているようだ。

あれほどの資金を投入して建設した新都市に「住民が足りない」理由について「ブルームバーグ」の記事はあまり深掘りをしていないが、それは実に簡単な話である。面積が東京23区3つ分に相当するほどの新都市をつくるため、習政権は昔からこの地域に住む住民と、昔からこの地域に立地する企業をすべて追い出してしまった。旧来の住民と産業が消えた人為的な「空白地帯」に、大都市を一から建設するわけだ。

当初の計画としては、新都市を建設しながら、できた部分に首都の北京から企業や大学、研究所などを逐次に移すことになっていた。しかし、彼らのほとんどは、北京を捨て「雄安新区」に喜んで移ろうとは考えていない。たとえ習政権から移転の大号令をかけられても、彼らが中国伝統の「上に政策あり、下に対策あり」との手法で暗に抵抗した結果、北京からの「機能移転」が思惑通りに進んでいないのだ。

昔の企業と住民が追い出された上に、新しい企業や大学、そして住民がなかなか入らない。だからこそ、習近平が夢見る「雄安新区」は、箱としての建物ができていても、人がいないので空っぽのゴーストタウンになっているわけである。

習近平の「好大喜功」から生まれた「千年の大計」は無残な状況になっているが、この巨大プロジェクトを強引に進め、「原住民」と企業を追い出したことで生じた経済的損失は計り知れず、投入された巨大の建設資金が無駄になったり、ただの不良債権と化したりする可能性も大きい。かつての隋煬帝の場合と同様、習近平の「好大喜功」は中国人民に多大な災難をもたらすことになるだろう。

鳴り物入りの「一帯一路」も大きな期待外れに

「雄安新区」以上に、習近平が進めた「世紀の好大喜功プロジェクト」は、一時期飛ぶ鳥を落とす勢いがあった「一帯一路構想」である。

中国政府の主導下で、アジア全体とヨーロッパ、アフリカの一部を巻き込んで湾岸や鉄道・高速道路などのインフラ建設を展開し、中国を頂点とする「大中華経済圏」

の構築を目指していくものだ。

言ってみれば「一帯一路構想」こそ習近平の「好大喜功プロジェクト」の最たるものであり、中国史上だけでなく、おそらく世界史上においても稀《まれ》に見る最大級の壮大なる計画である。

「一帯一路」が始動したのは習近平が国家主席となった2013年からだが、現在、世紀のプロジェクトの進捗《しんちょく》具合はどうなのか。

まずは「一帯一路」が始動して10年目となった2023年の状況を見てみよう。その中核を握るアジアインフラ投資銀行（AIIB）の実績を見ると、開業以降の投融資の累計額は、この年の5月の時点で412億ドル（約5・7兆円、承認ベース）と、当初想定の5割強にとどまるという（『日本経済新聞』2023年5月24日付）。

「融資規模412億ドル」とは、どの程度の規模か。例えば日本の金融機関である三井住友銀行のそれと比べればすぐに分かる。三井住友銀行の場合、2023年現在の貸出金総額は94・3兆円。単純比較で見ると、AIIBの融資規模は日本の一都市銀行のそれの6％に過ぎない。いかにも貧弱なものである。

また、『産経新聞』が2023年10月18日付で報じたところによると、中国から発展途上国への融資は、2018年に過去最多を記録してから大きく減少したという。2021年では約150億ドル（約2兆3千億円）と、ピーク時の4割程度にまで減少した。

こうした一連の数字を見ても、始動当時から鳴り物入りの「一帯一路」構想は、結果的には大きな期待外れとなり、実行10年目ですでに下火になったことが分かる。

こうした中、2023年10月17日から2日間、中国が主催する「第3回〝一帯一路〟国際協力サミットフォーラム」が北京で開催された。習近平からの招待で多くの関係国の首脳が一堂に集まった。習主席肝煎りの「一帯一路構想」が発表されて10年目という節目の年の会議だから、習近平としては「サミット」の開催をもって今まで10年間の「素晴らしい成果」を誇示《こじ》し、「輝かしい未来」に向けての「大盛会」にしたかっただろうが、実際のところ「一帯一路」の凋落《ちょうらく》を浮き彫りにする格好になった。

まずは、今まで3回開かれた「一帯一路サミット」に大統領や首相などの首脳級が参加した国々の数の変化を見るとよく分かる。2017年第1回に参加したのは28カ国、2019年の第2回に参加したのが39カ国だった。

しかし今回の3回目のサミットでは、中国政府が首脳参加の国々の数を一切発表しなくなり、その名簿すら明らかにしていないが、筆者が『人民日報』などで報じられたサミット関連の首脳会談のニュースを通じて調べたところでは、大統領・副大統領・首相がサミットに参加した国数は23カ国、第1回目のそれを下回り、第2回目の参加国の約半分程度である。

第2回目の「一帯一路サミット」では、習主席の主宰で各国首脳参加の円卓会議が盛大に催され、会議の共同声明も発表された。しかし今回のサミットでは円卓会議は見送られ、共同声明の発表もなかった。国際会議であるはずの「サミット」は結局、習近平一人が自画自賛の演説を行い、習近平の独り舞台となった。

さらに注目すべきなのは、第1回・第2回の「一帯一路サミット」に首脳を参加させた多くの欧州・アジアの重要国が、今回、サミットに首脳を派遣せず、欠席したことである。2017年サミットには、フィリピン大統領、マレーシア首相、スイス連邦大統領、イタリア首相、スペイン首相、チェコ首相、ギリシャ首相、ポーランド首相が参加。ところが、今回のサミットは、これら8カ国からの首脳級出席が一切なかったのだ。

第2回目のサミットには、第1回目参加の8カ国首脳以外に、ポルトガル大統領、シンガポール首相が出席したが、今回はこの両国からの首脳級参加もなかった。東南アジアの主要国であるフィリピン・マレーシア・シンガポールだけでなく、イタリア・スイス・スペイン・ポルトガル・チェコなどEUからの参加国が揃って今回のサミットに「首脳欠席」。欧州からの唯一の首脳級出席国はハンガリー首脳だった。

こうして「一帯一路」は、関係する欧州諸国のほぼ全員から見切りをつけられただけでなく、東南アジアからも離脱国が出始めている。中国の経済覇権樹立の野望と、習近平自身の「好大喜功」から生まれた「習近平の、習近平による、習近平のための一帯一路」は失敗すべくして失敗に終わろうとしているのではないか。

「社会主義政策」によって中国経済は低迷

習近平が共産党のトップになって以降、一貫して手がけてきたことの一つが、鄧小平の改革に逆行する社会主義政策の推進である。

毛沢東政権時代、計画経済などの徹底した社会主義政策の施行で、中国経済は長期的な停滞状態にあり、中国は長年、世界の最貧困国家の一つだった。鄧小平の時代になると、いわば改革開放路線の下で市場経済の原理が導入され、資本主義が芽生えて巨大国家の道を歩み始めた。そしてそれに伴い、中国は数十年間にわたって経済成長を続け、今や世界の経済大国の一つとなった。

しかし習近平が共産党トップになってから、特に政権の2期目に入り独裁政治の色彩が濃くなってから、根っからの「社会主義者」習近平は、「共同富裕」というスローガンの下、鄧小平の改革開放路線から離脱し、毛沢東流の社会主義路線への回帰を目指してさまざまな政策を実施し始めた。

その最たるものの一つが2020年秋ごろから始まった民間大企業に対するバッシングである。

最初の標的が中国を代表する世界的な民間大企業のアリババグループ。2020年11月、アリババ傘下のアントグループが計画した史上最大規模の新規株式公開（IPO）が当局によってストップをかけられ、延期を余儀なくされた。その前後からアリババ創始者の馬雲（ジャック・マー）氏が公の舞台から姿を消し「謹慎の身」となる時期もあった。そして2021年4月、アリババグループは独禁法違反の罪で約3000億円の巨額な罰金を課された。

同年の7月には、今度はIT大手の騰訊控股（テンセント）や、配車サービス最大手の滴滴出行（ディディ）などが、独禁法違反の名目で罰金対象になった。滴滴出行の場合、6月末にニューヨーク市場に上場した直後、中国政府当局によって国内業務に制限を加えられた結果、ニューヨーク市場での株価急落を経験したばかりだったが、泣きっ面に蜂、今度は巨額罰金を支払う羽目になった。

同じく2021年7月下旬には、大企業イジメが特定の業界に対する乱暴なバッシングにエスカレートした。7月24日、中国共産党と国務院は義務教育段階の学習負担を軽減するため、学校以外での学習禁止を厳命する、という前代未聞の「学習塾禁止令」を出した。その直後から中国全土で学習塾や補習校の摘発が始まり、塾の先生を中心に約1000万人の雇用を生んでいた巨大産業が政権の命令一つで潰された。

毛沢東時代の「共産主義革命路線」へ逆戻り

さらに、今度は中国内の富裕層・高収入層の心胆《しんたん》を寒からしめるような重大ニュースが伝えられた。同年8月17日、共産党政権の経済政策の最高意思決定機関である「中央財経委員会」が習近平主席の主宰下で第10回会議を開いたが、当日の中央テレビが伝えるところによると、「共同富裕」というスローガンを持ち出し、それを今後の政策方針の一つにしたという。

会議では貧富の格差の是正による「共同富裕」の実現を唱え、そのための手段として高収入層の「不法収入」に対する取り締まり」と、彼らの「不合理収入」に対する「整理・規制」を強調した。

共産党中央の財経会議が「不法収入」と並び「不合理収入」を持ち出したことは実に重大だ。その意味するところは、高収入層の収入がたとえ合法的に得た正当なる収入であっても、当局が「不合理な収入」と認定すれば、この部分の個人収入に対して「整理・規制」の手を入れることが可能になる、ということだからだ。

政府当局の言う「整理・規制」とは、税以外の上納金の強要や罰金などのさまざまな収奪法の遠回しの表現であるから、習近平政権は今後、「共同富裕」の大義名分を振りかざし、国内の富裕層・高収入層を標的にした、いわば「劫富済貧《きょうふせいひん》」の分配政策を強引に進めていくことになるだろう。

鄧小平以来の「先富論」の政策方針に対する否定であり、毛沢東時代の「共産主義革命路線」への逆戻りでしかない。

言うまでもないが、毛沢東流の「共産革命」が最も極端な形で実現された時期が文化大革命時代である。その時、元資本家などの富裕層が持つ家屋や預金などの個人財産が全部没収されてしまった例はあるが、習近平政権の「劫富済貧」はいずれ、文化大革命を超える事態になることも十分にあり得る。

結局、習近平は2章で見た新《しん》朝皇帝の王莽《おうもう》と同様、自らの信奉する「社会主義理想」のために滅茶苦茶な政策を乱発して、それを強引に進めたのだ。王莽の「社会主義政策」がもたらしたのは王朝の崩壊であったが、習近平の場合は、中国経済の崩壊を加速化させる大きな要因になっている。

実際、2023年になってから、ほかにもさまざまな要因が重なり、中国経済の崩壊がすでに始まっている。この年の7月、中国の国家統計局が公表した失業率の中で一つ、びっくり仰天するほどの数字があった。その前月の6月、中国全国で16～24歳までの若年層の失業率が21・3%と過去最高水準に達したという。日本では同じ年齢層の若者の完全失業率がせいぜい一桁台だが、中国の場合、国家統計局の統計数字でも日本のそれの倍以上になっていたのだ。

しかも、中国国内の常識では「国家統計局の公表した悪い数字に2を掛ければ正しい」ので、実際の失業率はおよそ40％以上だろう。中国北京大学副教授の張丹丹《ちょうたんたん》氏は自らの調査と分析に基づいて、年齢層の失業率を46・5％と見ている。やはり40％以上である。

「若年層失業率40％以上」とは、どれほど深刻な数字か。若者たちの2人のほぼ1人に仕事がないのだ。１９２９年から始まったアメリカの大恐慌でも、若年層の失業率はそれほどのレベルに達したことはない。これ一つとってみても、２０２３年からの中国経済はまさに大恐慌以上のものであり、崩壊の最中なのだ。そして、それを崩壊させている「功労者」の一人こそ、社会主義者の習近平その人である。

経済がここまで悪くなれば、さすがの習近平も何らかの救済策を打ち出さなければならない。２０２４年2月23日、中国共産党中央財経委員会は習近平総書記の主宰下で全体会議を開き、今後の「経済振興策」を打ち出した。

①大規模な企業設備更新の推進、②消費財の「以旧換新《いきゅうかんしん》」の推進、すなわち中古消費財の淘汰《とうた》と新品への買い替えの推進、そして③物流コストの低減、という三本柱の経済救済策だ。

そのうち、①②の狙いは当然、企業設備更新と国民による消費財の買い替えによって需要をつくり出すことにあろう。それが実現できれば、瀕死の中国経済はある程度延命することができる。

現代にアホウ皇帝が再臨、そしてその末路は

しかし問題は、中央政府、すなわち共産党政権がこのような「推進策」を打ち出すこと自体、まさに本末転倒であることだ。本来、企業が設備更新を行うかどうかは、全く企業自身の経営判断によるべきものであり、政府の関与するところではない。ましてや個人・家計が自分たちの使う消費財を買い替えするかどうかとなれば、それは全く個人の消費判断によるものであり、非常に私的領域での消費行動の問題だからだ。

従って習政権の打ち出した前述の「振興策」は、市場の原理を完全に無視した統制経済の発想であり、政治権力が企業経営や個人の消費行動・私生活にまで干渉してくる危険性をはらんでいる。

さらに言えば、政府がどうしても企業の設備更新や個人の消費財更新を促すのであ

れば、例えば企業に対する大型減税や家計への消費税減税など、収入を増やしたり、メリットを与えたりするような政策を立てなければならない。しかし中央財経委員会会議はこのような政策を一切打ち出していない。政府が企業と個人の購買力を高める政策を一切やらないのに、「お前らは設備を更新せよ、お前らは消費財を買い替えよ」というのでは、政府は自身の政策責任を放棄し、企業と一般国民に経済振興の責任を負わせようとする。実にトンチンカンな話である。

このようなトンチンカンな振興策は基本的に無意味ではないか。政府は国有企業と公務員に対して設備更新や消費財の買い替えを強要することはできるが、その経済効果はあくまでも限定的なものだ。中国企業の9割以上を占めているのは民間企業であり、1000万人程度の公務員以外は皆、普通の国民である。

普通の民間企業は資金の余裕さえあれば、政府が促さなくても自ら設備更新を行うし、普通の国民はお金さえあれば別に政府に言われなくても新しい車や家電製品などの消費財を買い替える。しかしそうでなければ、政府の動員や強制がうまくいくはずはない。

そして経済が大不況に陥っている現状の下で、多くの企業が倒産し、生き残った企業の大半が経営を維持していくのに精一杯なのに、「設備更新」どころの話ではない。その一方、リストラや減給が広がる中で、大半の国民は住宅ローンや自動車ローンを払い続け、自分たちの生活を守るのに必死なのだから、「消費財買い替え」など単なる冗談話にしかならない。結果的に、習政権の打ち出した経済振興策は、今まで通り、単なる「政策ごっこ倒れ」に終わる公算が大きいだろう。

しかし、それにしても多くの民間企業や一般国民が経営や生活を守るために歯を食いしばって耐えている中で、政権は彼らに対して「お前らどうして設備更新しないのか、お前ら何でお金を使って消費財を買い替えないのか」と促すのは、いかにも滑稽《こっけい》かつ乱暴な話だ。

中国の西晋《せいしん》王朝の時代、恵帝《けいてい》という有名なアホウ皇帝がいたが、「国民は食べ物がなくて餓死者が出ている」と臣下から報告されると、「みなどうして肉糜《にくび》(ひき肉の入った粥《かゆ》)を食べないのか」と言ったことは有名な話だ。いわば中国版の「パンがないなら、ケーキを食べればいいいじゃないか」(18世紀のフランス・ブルボン朝の王妃、マリー・アントワネットのセリフ)である。

しかし、この晋恵帝と同様のバカ皇帝がまさか現代の中国に現れるとは、絶句するほかない。中国共産党の習近平総書記は、まさに現代版の「肉糜皇帝」そのものなのだ。
ちなみに、西晋王朝は暗君、恵帝の時代に「八王の乱」と称される大戦乱が起き、
そして恵帝が死んだ10年後に王朝が滅亡した。では、現代のバカ殿習近平は、いつ「赤い王朝」である中国共産党政権を潰してくれるのだろうか。お手並拝見と行こう。